リサーチと臨床

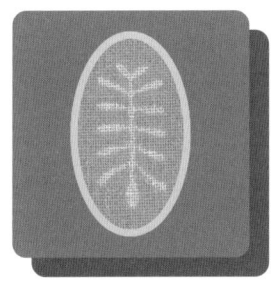

日本発達心理学会 ………………… 監修
古澤頼雄+斉藤こずゑ+都筑 学 …… 編著

有斐閣

装幀　生駒千賀子

はしがき

　日本発達心理学会は，1996年以来，研究と実践に関わる倫理問題を検討してきました。機関誌への投稿論文の審査に際しての倫理規定の検討に始まり，ついで研究と実践すべてにわたる倫理規定の検討が進められてきました。当初は，機関誌編集委員会および常任理事会において審議されていましたが，やがて，これを本学会会員の研究者倫理の問題として広く意見交換を行った上で，学会として倫理規定を作成する方針が，1997年5月，常任理事会で決定されました。このため，「研究者倫理を考えるワーキンググループ」を発足させ，古澤頼雄（東京女子大学・当時）斉藤こずゑ（國學院大学）都筑　学（中央大学）の3氏に委員を委嘱し，倫理規定策定の作業を加速的に進めることになりました。

　以来，3氏を中心に問題点の整理，内外資料の収集と検討が精力的に行われ，随時，常任理事会で審議すると同時に，学会の年次大会ごとに，研究者倫理を考えガイドラインを作成するためのラウンド・テーブルを開催し，多くの参加者を得て，活発な意見の交換を行ってきました。さらに，さまざまな領域の研究者，多様な臨床の現場の実践家，

在外研究者，心理学関係書籍編集者などから個別に意見や資料の提供も得て，倫理規定の骨子がガイドラインとしてまとめられていきました。これについても最初の草案の段階から理事，編集委員，各種委員会委員，ラウンド・テーブル参加者などに査読が求められ，内容，表現，形式などについて詳細な検討が積み重ねられました。それらを踏まえて古澤・斉藤・都筑3氏による第1次，第2次の改訂を経てでき上がったのが，本書です。

　このように，本書は，発達心理学会会員の研究と実践活動に基づいた知恵と経験とが結集されて作成されたものです。この完成までに，古澤・斉藤・都筑3氏は，会員の意見を十分に反映させる機会を企画・運営し，関連資料を子細に検討し，詳細な議論を重ねて，ガイドラインを執筆・完成させるために多大の時間とエネルギーを用いられました。このように，本書の完成には，3氏の問題への真摯な取組みと優れた見識が大きく寄与しています。ここに改めて御礼を申し上げます。

　本書は，これまで日本の他の心理学会などに設けられている倫理規定以上に，詳細かつ具体的なかたちをとっています。それは，研究者と実践者が，概念的には理解している倫理やモラルが，実際に研究や実践を行う際になると，ともすれば抜け落ちてしまいがちな実情にかんがみ，研究・実践の計画の立案，各種の調査・検査などの実施，結果の分析・考察・公表など，全過程について逐一問題点を

とり上げ，留意事項を具体的に記述することが必要であり，また有効と考えたからです。また，これまで研究者倫理の問題は，心理学教育の中でほとんど欠落していましたが，学生・院生・若手研究者などが研究協力者の人権・福祉を保障することへの敏感さを自ら養うためには，具体的な記述が必要だと考えたからです。本書がその一助となればと願っております。

　多くの方々に本書をお読みいただき，研究や臨床実践，そして学習の場で活用して下さることを期待しています。そして，ご意見を寄せて下さることを願っています。みなさまからのご意見をふまえて，今後も修正・補充し，よりよいものにしたいと考えております。

　2000 年 10 月

日本発達心理学会理事長
柏　木　惠　子

目　　次

はしがき

序章　心理学研究の倫理 ─────────── 1

第1章　質問紙法を使う ─────────── 4

§1　質問紙で何を知ろうとしているのか ……… 4
§2　質問紙調査の準備段階で気をつけること ‥5
- 2-1　質問紙は誰のものか　5
- 2-2　無断コピーは厳禁　6
- 2-3　協力者の身になって質問紙を準備する　7

§3　質問紙調査を実施する段階で気をつけること ‥‥8
- 3-1　授業中などにいっせいに実施する場合の　インフォームド・コンセント　8
- 3-2　誰が質問紙を回収するのか　10
- 3-3　協力者への謝礼　11

§4　質問紙調査の終了後に気をつける点 ……11
- 4-1　質問紙の管理　11
- 4-2　学校側などからの調査資料の提供依頼にどう答えるか　12
- 4-3　調査結果の報告　13

§5　全体を通して気をつける点 ………… 13
- 5-1　調査協力者は人格を持った存在　13
- 5-2　調査結果の公表　14

第2章 心理テスト法を使う ——— 15

§1 はじめに …………………… 15
§2 心理テストを受ける協力者の心理
——「テスト不安」という言葉もあるくらい‥16
§3 心理テスト用具・整理用紙などの入手 …… 17
§4 心理テストへの協力依頼
——インフォームド・コンセントの手続き‥18
- 4-1 個人に直接協力を求める手続き 18
- 4-2 仲介者（保護者・機関責任者・担当者など）を立てて個人に協力を求める手続き 20

§5 集団法による心理テストの実施 ………… 22
§6 協力者への謝礼 ……………………… 23
§7 個人資料の取扱いについての留意点 …… 24
§8 協力者・保護者・仲介者への結果報告 … 25
§9 研究の評価と社会的意義 ……………… 30

第3章 観察法を使う ——— 31

§1 はじめに ……………………… 31
§2 観察で何を行おうとしているのか ……… 32
- 2-1 伝統的な科学的観察法とは 32
- 2-2 これからの科学的観察法に必要なこと 35

§3 観察の準備段階で行うこと ………… 36
- 3-1 予備的観察 37
- 3-2 真の協力者をつくる努力 37

§4 観察の実施段階で行うこと ………… 39

        4-1　事前の説明，インフォームド・コンセント　40
        4-2　観察の実施　40
    §5　観察の終了後に行うこと……………………42
        5-1　研究成果の寄与のずれと解消の問題　43
        5-2　公表に伴う問題　44

第4章　面接法を使う ─────────────────46

　§1　面接法をなぜ用いなければならないか……46
　§2　面接される協力者の心理………………………47
　§3　面接への協力者の発見と依頼
　　　──インフォームド・コンセントの手続き‥48
　§4　複数の面接者による一人の協力者への面接……48
　§5　面接場面と面接の進め方………………………49
　§6　面接中の記録とテープレコーダーの使用…50
　§7　協力者への謝礼…………………………………49
　§8　面接資料の解釈と分析…………………………51
　§9　面接資料（テープ）の保管……………………52
　§10　協力者・保護者・仲介者への報告………53
　§11　面接記録の引用…………………………………54

第5章　実験法を使う ─────────────────55

　§1　実験法で何を知ろうとしているのか………55
　§2　実験の準備段階で気をつけること…………57
        2-1　協力者に過度の負担をかけない　57
        2-2　協力者とのラポートをとる　58

2-3 統制群は実験に必要なのか 58

2-4 コンピュータ・ソフトの利用 59

§3 実験を実施する段階で気をつけること ···· 60

3-1 インフォームド・コンセントと実験への
参加を断る権利 60

3-2 協力者は実験をどうとらえているのか 61

§4 実験の終了後に気をつける点 ················ 62

4-1 実験目的の説明 62

4-2 実験結果のフィードバック 63

4-3 実験結果の管理 63

4-4 協力者への謝礼 64

§5 全体を通して気をつける点 ···················· 64

第6章 臨床にどう取り組み，研究するか
―― 発達障害に即して ―― 66

§1 はじめに ··· 66

§2 発達障害児（者）などを対象にした実験・
調査などの研究活動 ······························ 67

2-1 何のための研究か 67

2-2 研究対象と方法が適切か 67

2-3 対象者の自由は保障されているか 68

2-4 対象者に対し危険を冒させないこと 68

2-5 研究意図を隠す場合への注意 68

2-6 研究の目的・方法・公開方法についての
インフォームド・コンセント 69

2-7 研究結果の報告と感謝 69

§3 発達障害児などを対象にした臨床活動 ···· 70

3-1　何のための臨床活動か　70
3-2　臨床家は自分の業務に責任を負っているか　70
3-3　対象者の人権は保障されているか　71
3-4　治療・指導の目的が適切か　71
3-5　対象者のプライバシーは守られているか　71
3-6　活動の記録を残すこと　72
3-7　自分の立場の悪用をしていないか　72
3-8　対象者にとっての危険を無視していないか　72
3-9　治療・指導へのインフォームド・コンセント　73
3-10　自己研鑽をつんでいるか　73
3-11　臨床家同士の関係について　74

第7章　臨床場面からのデータを使う ── 75

§1　はじめに ……………………… 75
§2　プライバシーの保護と研究者の責任 …… 76
§3　ケース研究 ……………………… 79
§4　統計的研究 ……………………… 80
§5　使用した資料の管理と研究発表の報告 …… 81

第8章　文献レビュー法を使う ── 83

§1　はじめに ……………………… 83
§2　文献レビュー法で何を知ろうとしているか …… 84
§3　文献レビューの準備段階で気をつけること …… 86
3-1　文献検索および文献収集の範囲　86
3-2　文献のコピーに関わる問題　87
3-3　誠実な文献参照　89

§4　文献レビューの論文作成段階で
　　　　気をつけること……………………92
　　　　4-1　他者の著作からの引用の書式　92
　　　　4-2　引用における著作権への配慮　93
　　§5　文献レビューの終了後に気をつけること…96

第9章　データベースを使う
　　　──幼児言語データ共有システムに即して──98
　　§1　はじめに……………………………99
　　§2　データを提供するときの留意点…………101
　　　　2-1　匿　名　性　102
　　　　2-2　公開のレベル　103
　　　　2-3　データ情報ファイル　105
　　§3　データを利用するときの留意点…………108

第10章　論文の執筆・公表にあたって────111
　　§1　はじめに……………………………111
　　§2　著者とは誰か？……………………113
　　§3　正しいデータとは何か？……………115
　　§4　データは誰のものか？……………116

参考文献────────────119
あとがき────────────123
索　　引────────────131

序章

心理学研究の倫理

　心理学の研究を進める際に重要なことがらを，研究計画の立案から研究結果のまとめに至るまでの過程を順を追って示したのが，本書である。

　そこには，質問紙法，心理テスト法，観察法，面接法，実験法，ケース研究法，臨床資料の利用法，文献レビュー法，データベースの利用法，研究論文執筆・公表に関わる問題などが含まれている。

　個別の研究方法，資料の利用法，結果の公表にはそれぞれ固有の注意すべき倫理上の留意点がある。それと同時に，それらを通底する重要な留意点が存在する。ここでは，その中でもとりわけ重要であると考えられる点を取り上げて論じることによって，具体的研究への導入としたい。

　第1は，インフォームド・コンセントの問題である。
　研究協力者に対して研究の意義や内容について，研究実

施の前にあらかじめ理解と了解を得ておくことが肝心である。必ずしも文書による研究計画・内容の提示と署名による同意手続きを必要とするわけではないが，口頭であっても，研究に協力してもらえるかどうかを問うべきである。

　研究に協力するか，拒否するかは研究協力者が持っている基本的権利であり，研究者の側がその権利を侵害したり，あるいは損なったりすることはできない。立場を異にする研究者と研究協力者との間での互いの理解と了解の上に心理学研究は初めて成り立つのだという，ごく当たり前の事実に私たちは目を向けなければならない。

　第2は，プライバシーの保護の問題である。

　近年，心理学研究はますます子どもや青年，大人たちの現実生活のさまざまな局面に迫り，その実態を明らかにしようとしている。実験室から離れ，現実の問題に接近することは，心理学研究を発展させる契機となると同時に，研究に協力してもらう人びとの生活に足を踏み入れていくことでもある。

　研究資料として得られたさまざまなデータの中には，研究協力者のプライバシーに直接的にかかわる情報も多く含まれる可能性がある。とりわけ，子どもや障害をもった人びと，年老いた人びとなど，社会的に弱者と呼ばれる人びとを対象とした研究においては，プライバシーの保護について十分に注意を払う必要がある。

第3は，研究結果のフィードバックの問題である。

研究者にとって，学会誌や学会発表は自らの研究を公表する大切な機会である。研究者であれば誰もが，自分が行った研究をどの機会に発表するかを真剣に考えるであろう。こうした研究発表は広い意味での研究結果の社会的フィードバックとして考えられる。だが，もう一つ，研究協力者や研究協力機関への研究結果のフィードバックも忘れてはならない重要な事項である。

個々の研究協力者や研究協力機関には，自分が参加した研究がどのような形で実を結んだのかを知る権利があるし，また，研究者は研究結果を報告する義務がある。研究成果を社会的に還元するという点でも，フィードバックを必ず行っていかなければならない。

以上述べてきた3点は，心理学研究に携わっていく者が常に敏感に意識しておかなければならない事柄である。言うまでもなく，研究者と研究協力者は互いに一人の人間として平等の権利を持っている。両者の間に，一時的でない持続的な協力体制を作り上げ，人間の成長と幸福を目指す研究に従事することによって，さらに内容豊かな心理学研究の発展が期待できるだろう。

第1章

質問紙法を使う

§1 質問紙で何を知ろうとしているのか

　質問紙法とは，基本的には，印刷された冊子に書かれてある質問項目に対して鉛筆などで記入して回答してもらい，得られた回答を分析することによって，人間の内面的な意識を明らかにすることを目的とした研究方法を指す。研究する側に立つ者にとっては，比較的容易に大量のデータを一度に取ることができる質問紙調査は，きわめて利便性に富んだ研究方法だといえる。

　一般に，卒業論文や修士論文において，質問紙調査が比較的多く用いられる理由としては，調査協力者さえ得られれば，数多くのデータを効率的に集めることができることが大きいように思える。こうして得られたデータをコンピュータを利用し分析する作業も，最近のパーソナル・コン

ピュータの技術進歩によって，ずいぶんと楽になった。そのこともまた，質問紙調査を使って論文を書く人が多いことに影響していると考えられる。

　以前に比べて，ワープロを使って見栄えのよい質問紙の原稿を作り，コピー機や印刷機を利用して質問紙を印刷することもかなり容易になった。また，表計算ソフトや統計ソフトを使って集めたデータを分析することも簡単にできるようにもなった。

　質問紙法は始めるのが容易な分だけ，研究全体をあらかじめ十分に検討・構成しておかないと，得られたデータの山を前にして困り果てることになりやすい。それだけに，質問紙を使って何を知りたいのか，自分の問題意識を深く見つめ，研究の計画や見通しをはっきりさせておくことが大切だといえる。

§2　質問紙調査の準備段階で気をつけること

2-1　質問紙は誰のものか

　あなたが質問紙調査の実施を準備している最中に，誰か他の研究者があなたの研究計画にふさわしい質問紙尺度をすでに作って用いている論文を発見したとしよう。学会誌に掲載されている質問紙尺度それ自体には著作権等は発生しないので，誰もがその尺度を自由に使うことができる。そうした尺度を集めて紹介している本もある。著者に対し

て，特に断らずに使ってもよいと考える人も少なくないかもしれない。だが，果たしてそれでよいのだろうか。

　研究上のマナーとして，他人が作った尺度を使用するときには，事前に手紙などで一言ことわるのが礼儀というものである。もちろん，調査が終わり，論文を書き終わったときには，簡単な報告レポートの形式でもよいから，質問紙を最初に作成した研究者に報告することも忘れないようにしなければならない。心理学研究において，質問紙尺度は研究者全体の共有の財産だという気持ちを持つことが大切である。

2-2　無断コピーは厳禁

　質問紙尺度のなかには，標準化などの手続きを経て作成され，販売されているものもある。そうした尺度を無断で複製して使用するのはけっして行ってはいけない行為である。標準化されている質問紙を販売している会社に連絡を取り，どのような処理をすればよいか尋ねてみるのがよいだろう。

　そのような質問紙を使用する場合には，自分でお金を出して（学生や院生の場合には，指導教員に補助してもらうこともあるだろうが），用紙を購入しなければいけないことになる可能性が高い。だが，もしかすると，卒業論文や修士論文などに限って，指導教員の一筆があれば無料で使わせてもらえるという幸運な事態になるかもしれない。実

際に，知能検査の一部を卒業論文で利用する際に，事後に研究結果レポートを出すという条件でお金を支払わずに使うことができた例があった。とにかく，気が付かれなければ大丈夫だろうと勝手に思って，無断でコピーして使用するのだけは止めておこう。

2-3 協力者の身になって質問紙を準備する

　質問紙は他の研究方法に比べて相対的に利便性が高い。しかし，それでも，実際に協力者を探そうとする段階で，学校などから断られて協力を得られないこともままある。

　そんなことも災いしてか，一度の調査でできるだけ多くの項目について質問し，効率的にデータを集めたいという気持ちになりやすいものである。だが，質問項目が多くなり，質問内容が複雑になればなるほど，質問紙に回答するために必要な時間は長くなり，それだけ協力者を疲労させたり，ストレスをかけたりすることになる。したがって，一度の調査では，できるだけ焦点をしぼって，聞きたいことだけを尋ねるという態度が必要である。そのためには，実際に自分自身が協力者になったつもりで自分の作った質問紙に回答してみるとよいだろう。

　また，特に，協力者にネガティブな感情を引き起こす危険性が高い内容の場合（例えば，自殺の心理について聞くようなとき），質問することによってどのような影響があるかを十分吟味しておかなければいけないだろう。研究を

行っている自分自身が途中でイヤになってしまうような質問紙だったとすれば，それは最初から作り直した方がよい。

　協力者のプライバシーに配慮することも忘れてはならない。後の分析で必要のない情報（例えば，研究に必要のない個人の属性）までフェイス・シート（質問紙の表紙部分）で尋ねていないかを必ずチェックしてみる必要がある。

　以上，質問項目を考える段階で特に重要なのは，回答してもらう協力者の側に立って自分の作った質問紙を検討してみるということである。自分が聞きたいことと協力者が答えてくれることとの兼ね合いを十分に踏まえたうえで，研究を進めていく態度を身につけるべきである。

§3　質問紙調査を実施する段階で気をつけること

3-1　授業中などにいっせいに実施する場合の　　　インフォームド・コンセント

　まず最初に，小学校・中学校・高校・大学の授業中にいっせいに質問紙調査を実施するときを例に考えてみよう。そうした場合，小中高校での調査ならば，学校に出向いて，学校の責任者である校長先生を通して，調査依頼をするのが通常の手順である。公立学校の場合には，教育委員会を通して依頼を申し込むという手続きを取ることもあるかもしれない。いずれにせよ，校長先生や教頭先生，そして，担任の先生たちが話し合って，調査に協力するかどうかを

決定するのが普通のプロセスであろう。

 そうしたなかで，実際に質問紙に回答する児童や生徒の意見を聞いて，その上で，調査に協力するかどうかを決めることは，ほとんどないと言ってよいのではないだろうか。したがって，学校の先生たちが調査の実施を了解してくれたとしても，実際に調査に協力してもらう児童や生徒自身が調査への協力を必ずしも了承したわけではないという当たり前の事実を認識しておくことは大切である。実際に調査を実施するに当たって，調査に協力してもらう児童や生徒に対して，質問紙調査への回答を拒否する権利があることを伝えるべきである。研究への参加・不参加を最終的に決定するのは，一人ひとりの児童や生徒の意思に任せなければならない。

 大学の授業を利用して調査をするときも，まったく同じことが言えるだろう。知り合いの先生が授業の一部を割愛してくれて，運良く授業中に調査を実施できた場合には，調査用紙を配布する際に，協力者に対して，「質問紙に回答するかどうかは各自の権利であること」を伝える必要がある。もしかすると，一人が席を立つと，それにつられて何人かの学生が教室を出ていくかもしれない。そのような事態があらかじめ予想できそうなときに，研究への参加・不参加の権利を説明するのは，ある意味でとても勇気のいる行為だろう。だが，よくよく考えてみれば，調査協力者の側には，研究者が計画した質問紙調査に絶対に協力しな

ければならないという必然性は存在しない。質問紙調査を実施する段階でも、「もしも自分が質問紙調査を依頼される立場だったらどのように思い、振る舞うだろうか」と考えてみることが肝心である。

　授業中にいっせいに質問紙調査を実施する場合には、あらかじめ協力者に対してインフォームド・コンセントをきちんと取ることを習慣づけることが大事である。また、調査結果をどのような形で、いつ頃フィードバックするかについても調査協力者に伝えておくことが必要である。

3-2　誰が質問紙を回収するのか

　質問紙調査の実施段階で、誰が実際に調査用紙を配布して回収するかということも、かなりデリケートな性質の問題を含んでいる。例えば、小中高校において、学級内での人間関係に関する意識について尋ねるような内容の質問紙調査を実施する場合、担任の教師に調査を任せてよいかどうかは微妙である。調査協力者が、「先生が配布して回収するのだから、途中で見られるかもしれない」と考えて、そのことによって回答にバイアスがかかってしまうこともありうるだろう。そうした場合には、回答済みの質問紙を入れるための封筒を用意して、封筒に入れて密封してから回収し、個人の回答が絶対に漏れない手順を踏むなど、細心の注意を払う必要がある。また、研究者が調査を実施し、教師は直接に調査にはかかわらないように配慮することも

必要になるかもしれない。

こうして考えてみると，どのような条件で，どういう手続きで調査を実施したのか，論文の中で詳細に記述することも，調査の内容によっては大切だといえるだろう。

3-3 協力者への謝礼

調査協力者ならびに小中高校などの教育機関には，かなり忙しい時間をやりくりして調査に協力してもらうわけであるから，それ相当のお礼をしなければならない。児童・生徒一人ひとりに鉛筆一本を用意しても，人数が多くなれば，金銭的にはかなりの額になる。どれぐらいが適当かの基準はなく，それぞれが負担できる範囲で，準備しておけばよいだろう。謝金でのお礼も大切だが，調査結果を多少とも学校教育に生かせるような形で報告することがもっと重要なことだといえるだろう。

§4 質問紙調査の終了後に気をつける点

4-1 質問紙の管理

回収した質問紙はそれ自体が貴重な研究資料であり，また，たとえ無記名であっても個々人の意見が記されているものであるから，十分に注意を払って取り扱い，むやみに他人に見せたり，放って置いたりしてはならない。分析のためにコンピュータにデータ入力した後でも，もう一度ロ

ー・データ（回答済みの調査用紙）に戻って検討しなおす可能性もあるので，一定期間は大切に保管しておくべきである。研究がすべて終了し，学校への報告書や学会誌・学会での発表もすべて終わった段階で，ロー・データを処理することになる。その場合には，焼却処分，シュレッダー処分などの人目につかない措置を取るのがよいだろう。

4-2 学校側などからの調査資料の提供依頼にどう答えるか

もしかすると調査の内容によっては，学校などの側から，児童や生徒を理解するための資料として回答済みの調査用紙を提供して欲しいという申し出が，あるかもしれない。研究者が実践的な問題に関心をもち，そうしたテーマを扱うようになればなるほど，その可能性も高くなるだろう。

このような場合，どう対処すべきか，なかなか難しい問題を含んでいる。教育に役立つからと資料提供を了承するか，あるいは，調査協力者の回答を研究以外の目的で他に漏らさないという原則から断るか，二つの選択肢が考えられる。もしもそのような事態が予想されるならば，質問紙調査の実施前に，あらかじめ関係者と話し合って，どう対処するかを決めておく必要があるだろう。回答済みの調査用紙を学校側に提供するようなときには，あらかじめ児童や生徒にそのことを伝えた上で調査協力を求めなければならない。

4-3　調査結果の報告

　質問紙調査の結果を，学校ならびに児童・生徒に報告するのは，調査に協力してもらったことから生じる当然の義務である。調査の全体をこと細かに報告する必要はなく，むしろポイントだけを簡潔にまとめたレポートをできるだけ早く学校に渡すのがよい。そうした報告をすることは，自分の後輩たちが別の機会に調査協力依頼をしたときにスムーズな了承を得ることにつながっていくのである。

§5　全体を通して気をつける点

5-1　調査協力者は人格を持った存在

　質問紙調査は他の研究方法に比べて，研究への取りかかりの敷居が低く，相対的に容易に始めることができる。そのことは利点であるとともに，また，安易な研究を生みやすいという弱点をも同時に持っている。

　特に，卒業論文や修士論文などの締切りが定められている研究の場合，知らず知らずのうちに調査協力者を一人ひとりの人格をもった存在としてではなく，データとしてしか見ないようになってくることがある。「今日は10人分のデータが集まった」という具合にである。データの中には，途中の回答が1ページ分まるまる抜けていたり，いい加減に回答しているのが明らかに分かるような「使えないデータ」もある。だが，よくよく考えてみると，調査協力者に

とって質問項目がとても答えにくいものであったり，協力者が授業中に無理やり調査に協力させられたという感じをもって答えたくない気分だったりしたのかもしれない。

　そんなふうに回答済みの質問紙を一つひとつ眺めて見て，考え直してみると，協力者にとって答えやすい質問紙を作るとか，協力者の協力を得やすい条件を作るとかいった課題が研究上の重要なポイントとして浮かび上がってくるだろう。

5-2　調査結果の公表

　調査結果を論文や学会発表などで公表した場合には，それを協力者（協力校）にすぐに送ることが大切である。一回の調査だけで終わってしまう一時的な関係ではなく，研究する側と協力者（協力校）とが持続的な関係を取り結べるように心がけて研究を進めていくことが，強く望まれる。

第2章

心理テスト法を使う

§1 はじめに

　心理テストの目的の一つに，より客観的な判断によって，われわれがともすると陥りがちな誤った他者理解を最小限にくいとめようとすることがある。けれども，このことは心理テストを用いさえすれば実現するというものではない。あらゆる道具がそれを使う人しだいで本来の性質とはかけ離れたものになるように，心理テストも，テストをする人がやみくもに用いたのでは，テストを受ける人への凶器となりうる。

　そこで，何よりも重要なことは，まず用いようとしている心理テストそのものについて，その成り立ちの根拠となっている理論や性質について十分に理解することである。使えそうだから，とか，たまたま目についたから，名前を

聞いたことがあったから，関心をもった先行研究論文に書いてあったから，といった安易な選択によって使用することはもってのほかである。それでは，温度計で身長を計ろうとしていることになりかねない (Steininger, Newell and Garcia, 1984)。

§2　心理テストを受ける協力者の心理
――「テスト不安」という言葉もあるくらい――

　学校教育では，児童，生徒や学生が学業をどの程度達成しているかを評価するために，学力テストが用いられている。そして，そのことがテストという言葉に対する特有の態度を形成している。テストが個人におよぼす影響については，「テスト不安」という言葉で端的に表現されている。つまり，テストを受ける前やテストを受けている最中だけではなく，結果を知るまで心身ともに緊張状態が持続し，そのことが生活全体に抑制的に作用していくと考えられる。

　このようなテスト不安は，いわば社会的に条件づけられたものであるから，個人差も大きいことが推測されるが，おしなべてテストが好きでたまらない人はごくまれであるだろう。

　このことからして，研究を進める上で心理テストを用いることには，協力者がこのような心理状態を持ちやすいことにまず何よりも留意する必要がある。協力者に配布する

用紙に記載されている名称や以下に述べる協力者への説明の中で使用する用語について，安易に心理テスト・心理検査，あるいは類似の表現を使うことは避けることが望まれる。

§3　心理テスト用具・整理用紙などの入手

すべての著作物には著作権があり，そのものを部分的にも無断で利用することは許されない。このことは市販されている心理テスト用具やテスト結果を記録する整理用紙についても例外ではない。用具についてはともかく整理用紙については，複製して使用しようと考える場合が無きにしもあらずであるが，絶対に避けるべきである。

市販はされていないが，研究論文・研究書に掲載されて，その有効性が保証されていると判断される心理テストを使用したい場合には，その原著者に使用許可を得た上で，その入手方法について具体的に相談して，その指示を仰ぐことが必要である。経過報告と成果報告をすることを忘れずに行うことは，販売元に対しても，原著者に対しても当然のことである。

§4 心理テストへの協力依頼
――インフォームド・コンセントの手続き――

　心理テストを用いて研究を進める場合，協力者にそのことをどのように伝えるかは重要な問題である。なぜならば，それによって，テストを受ける人としての態度が形成されるからである。そこで，問題になるのが，インフォームド・コンセントである。インフォームド・コンセントは，あくまでも十分な説明をした上で協力者が行う選択・同意・拒否の回答を得るまでの全過程を意味している。

　ここでは，まず個人個人に協力を求める場合について述べ，その後，機関・団体などの仲介によって協力者を募る場合について述べる。

4-1　個人に直接協力を求める手続き
　一人ひとりに協力をお願いする場合は，相手がこちらの説明を十分に理解した上で同意または拒否の回答を明確に表現できる立場にあることが，何よりも重要である。安易な承諾の返答をもって協力してくれたと判断することは，絶対避ける必要がある。その判断が下しにくい場合は，4-2に示すように，仲介者を介して協力を求める手続きに従うことが望ましい。
　(1)　協力者が知人・友人である場合

ついわれわれは気心がお互いに知れているから分かってくれると思って，いわゆるインフォームド・コンセントの手続きをおろそかにしてしまう。協力者の方も相手の気持ちを害して，これからの人間関係を損なってはいけないと思うあまり，気持ちは進まないにもかかわらず承諾してしまう場合も往々にしてある。これらのことに配慮しながら，あくまでも協力者の立場になりながら協力を求めていくことが，実施者には必要である。この場合でも，心理テストの実施目的や方法についての文章を事前に渡し，読んでおいてもらった上で直接話す機会をまずもつことが必要である。

　協力への同意が得られたならば，それぞれの心理テストに用意されている教示に沿ってテストを進めることが必要である。

(2) 知人・友人の紹介によって，初対面の人に協力を求める場合

　まず必要なことは，直接本人に協力の意思があるかどうかを確認することである。すでに述べたところであるが，人から頼まれたからという理由で，義理によって協力を申し出ている場合があることを考慮に入れておく必要がある。あくまでも当人が率先して協力しようとしている場合にのみ，インフォームド・コンセントの手続きに入るべきである。心理テストに協力してもらうために，時間を割いて，研究者のところまで足を運んでもらう必要がある場合には，

相手の労力をできるだけ少なくするために，事前に説明文を送付し，電話を通して，意向を確認してから，先へ進むことが考えられる。

(3) 協力者を身内に求める場合

すべての手続きを適正に進めることに困難が予想されるので，行わない方がよい。

4-2 仲介者（保護者・機関責任者・担当者など）を立てて個人に協力を求める手続き

研究目的によって，どのような協力者を得ることが必要であるかを決めることは容易であるが，それを具体化することにはさまざまな困難を伴う。そのことを少しでも緩和するために，子どもの場合には保護者や該当する子どもが通園・通学する保育園，幼稚園，学校の責任者や担任の助力によって実現しようとする。また，高齢者に協力を得る場合には，高齢者学級やさまざまな社会参加グループ，老人施設などを利用している人について，仲介者を得て，了解を求めるという手続きがなされる。さらに，精神的疾患を患っている人，視聴覚に障害を伴っている人，運動機能に障害をきたしている人については，臨床機関，リハビリテーション施設，特別学級などの責任者や担当者を通して協力を依頼する手続きがなされる。

(1) 協力者が子どもである場合

実施者の説明を理解し，意思を回答できる年齢は一般に7, 8歳といわれている。それよりも幼い場合は説明を理

解できなくても，実施者の言葉につられてあたかも承諾であるような応答をしたり，どうにでも解釈できる応答をする場合に出会うが，これらを承諾と判断することはできない。そこで，このような事態が予想される年齢の子どもに心理テストを実施する場合には，あくまでも実施の意向をその子どもに率直に伝えることができる保護者や保育園・幼稚園の先生に尋ねてもらい，その判断によって実施するか否かを決めた方がよいと言える。

　もちろん，子どもだからといって，この手続きを省いてよいものではない。あくまでもたとえ赤ちゃんであってもインフォームド・コンセントを行うことが原則である。

(2) 協力者が高齢者である場合

　高齢者の協力を求める場合には，伝手を頼って該当者を探すというよりは，公共機関が行っている講座やスポーツクラブ，老人施設などに依頼して，それによって説明の機会を得ることがしばしばである。この場合，説明は研究者自身が一人ひとりに行う機会をもつことが必要である。どうしても仲介者に委ねる場合には，ほとんどそのまま説明してもらえるような文書を渡して，説明を委託することが必要である。仲介者が自分の判断で加えた一言が研究者の意図を違って理解させてしまう場合もありうるからである。

　さて，高齢者の協力を得る場合に，もう一つ留意しておかなければならないことは，たとえインフォームド・コンセントの段階で同意を得たとしても，心理テストを始めて

からであっても，できるだけしばしばタイミングを見ては，継続する意思の確認を行うことである。それは，その時の協力者の身体的状態にもよるが，日常生活では経験しない心身の疲労を与えることを避けるためである。一般的には，すべてを一度で終わらせるような心理テストであっても，高齢者の場合には何回かに分けて行うという配慮も必要であろう。

(3) より十分な配慮を必要とする（精神的疾患・視聴力障害・肢体不自由など）人に協力を求める場合

心理テストの実施者がふだんから接していて，どのようなことに配慮すべきであるかを十分に理解している場合には，考えられる範囲でインフォームド・コンセントの手続きを進めることに問題はないが，そのような経験をもたない場合には，生活を共にしている人や支援している人の助言を受けることや，研究に入るために準備期間をもつことが何よりも大切である。

協力を求める側に一人の人として関わる姿勢が育つことなしに，単に自分の問題意識だけで，相手に心理テストを実施しようとすることは避けるべきである。

§5 集団法による心理テストの実施

心理テストはあくまでも個人の協力者に実施するのが原則であるが，方法によっては，複数の協力者にいっせいに

施行することが可能である。例えば,授業時間の一部を割いて行ったり,募集に応じた人たちに行うなどである。

この場合,事前の説明がどの程度なされているかにかかわらず,改めてインフォームド・コンセントから始めることが望ましい。そして,何よりもそこに集まっている人たちにできれば個々にまったく同じ説明を,それが困難な場合には,いっせいに説明を行うことになる。そして,辞退を申し出たとしても,そのことが本人の不利になることは絶対にないこと,また,このことは心理テストを受けている途中で申し出ることも可能であることを明確に伝達することが大切である。

また,集団法による心理テストは,近接する他の協力者の行動によって影響される場合が多々あるので,できるだけ影響を受けないような座席配置にするなどの環境を設定することも,協力者を配慮する姿勢として実施者に求められるところである。

§6 協力者への謝礼

礼状に加えて,何らかの形で協力への謝意をあらわすことを忘れてはならない。それをどのような形にするかは,協力者への負担とそれに対する実施者の気持ちの現れによって判断すべきことである。ただし,交通費などで協力者に経済的負担が実際上かかっている場合には,それについ

ては別途金銭を支払う必要がある。

§7 個人資料の取扱いについての留意点

使用した心理テストが客観テストである場合には，個人を協力者番号に置き換え，下位尺度ごとに得点を算出するなどのスコアリングしたものをそのままコーディング・データになおしていくことによって，協力者の匿名性を保持することができるが，投影テストにおいては，協力者の反応を一定のルールによって，分析したり，反応それ自体を解釈したりといった複雑なスコアリング作業を行うことが必要である。このこと自体は，使用した心理テストの理論に基づいて実施するものであるが，このような個人資料の取扱いについて留意すべきことがいくつかある。

(1) 匿名性保持のさらなる履行

入手できるスコアリング用紙には大部分の場合，氏名欄が設けられてあるために，実施段階において，たとえ不要という教示をしていたとしても，そこに実名を記入している場合が起こりうる。また，実施者がスコアリング用紙を手元において，協力者の反応を記載していく場合にも，相手の氏名を記入してしまう場合がないとは言えない。このこと自体，実施段階で細心の注意を払うべきことではあるが，回収されたならば，ただちに点検して，記名してあるものについては，黒塗りをいれるべきである。

(2) 資料保管の注意の徹底

　得られた資料をスコアリングしたり，分析していく作業を進めていく上で，それらが協力の同意を得た人以外によって，読んだり，利用されたりすることがないように十分に注意することが必要である。複数の人が出入りする部屋などでこれらの作業をしている場合には，ついうっかりと協力者のスクリプトや作品をそのまま誰もが見えるような状態のままにしておいたり，他の人に見せたりすることが起こりがちである。これらの作業も協力者との間にきずいた信頼関係のもとに遂行しているという意識をもつことが大切である。

§8　協力者・保護者・仲介者への結果報告

　協力者に結果をいつ，どのような形で報告するかは，インフォームド・コンセントの過程において伝えて，了承を得ておくべきことである。すでに了承を得てあったとしても，協力者によっては，心理テストが終了した時点で再度そのことについて尋ねてくる場合もある。そして，その場合には結果を一刻も早く知りたいという気持ちを含んでいることが往々にしてあるので，そのことをくみ取って対応することが望まれる。

　協力者に結果を報告することは実施者の義務である。しかし，そこにはどのような形で報告するかという裁量が実

施者に委ねられている。慎重にすべきことは，説明が協力者にどのように受け取られるかを考える必要がある。得られた結果をそのまま伝えればよいというものではない。大分前の話ではあるが，クラス担任が生徒にロールシャッハ・テストを個別に実施して，その結果を解釈も含めて伝えたところ，生徒の一人がその内容を苦にして自殺したという事件があった。

　最も丁寧な方法は，まず時間を作って個人資料について説明する機会を設け，さらに，研究としてまとめられた段階で報告書として，協力者に渡すことである。もちろん，後日に印刷されて公表された場合には，そのものを協力者に配布することも考えられる。前川あさ美氏（東京女子大学）は，次のような「成長のためのフィードバック」を心理テストに関する教育の場において機会あるごとに伝達している。

　（成長のためのフィードバックは，）心理アセスメントの結果を，協力者，また，その関係者が情報を有効に活用し，自分にとっての利益となるような体験とするため，報告し，共有するプロセスである。
　① 協力者に一方的に説明を押しつけない。
　絶えず協力者から感想や批判，その他の指摘に耳を傾ける関係をこころがけながら，二方通行のコミュニケーションの中ですすめる。相手の人格を尊重し，専門性の

違いはありながらも，アセスメントを媒介として体験を共有し，対等な関係を育てることをここにおいても意識することが大切である。

 ② 協力者が利用できる情報を選び，分かりやすい言葉を通して伝える。

虚偽の内容を伝えてはならないが，そうかといって，全ての情報をそのままに伝え返すことは問題となる。何故か？ 年齢，知的能力，精神状態，状況などによって，どうしても本人がその情報内容を理解できず，あるいは，かえって，精神的に不必要な傷を負わせることになる場合があるためである。フィードバックのプロセスは，協力者が自己理解や自己受容を深められるような機会となることが望ましいが，これには，上記のような協力者側の条件とともに，協力者と検査者との関係によって，専門性に裏付けられた情報の適切な選択が必要となる。

 ③ 協力者が気づきつつある（意識し始めている，自我親和性の）情報内容を明確にして伝える。

情報が本人や関係者にとって活用できるためには，その内容が，専門家の援助を受けながら，また自分自身の力で，理解できることが大切であるが，本人にとって極度に脅かされる内容が含まれる場合には，しばしば，意識的にも無意識的にも理解することを妨げる。そればかりか，時には，協力者の不安を高め，自己イメージを混乱させることもある。

新たな気づきを与える情報だとしても（検査者は，得意げに伝えたくなるものかもしれないが），受け取る側が心的外傷を負ったり，侮辱感を味わうような内容は，このフィードバックにふさわしくない。ただし，十分な関係が検査者と協力者との間にあり，このフィードバック後も継続的に関係を育てていくことが可能な場合は，そうした信頼関係を土台に，協力者にとって前述のような内容を伝えることもある。

　④　評価的表現よりも行動や態度の記述的表現をできるだけ用いる。

　「いい」「わるい」「よくない」といった単純な直線の物差しで測ったような評価的表現は避ける。特に検査者の個人的価値観が入った特殊な表現は誤解を招きやすく，また，曖昧である。こうした表現は，協力者が情報を具体的・実際的に活用することを困難にする。検査者は，協力者と記述的表現を用いた行動や態度について一緒に考え，できるならば，本人がその意味に耳を傾け，内省を深めていけるよう援助する。

　⑤　予言者のように語ったり，決めつけたように断言したりしない。

　しばしば，検査者は何かが「分かった」ことによって，ある種の万能感を得たような錯覚をもつ。「あなたは〜です」「あなたはこうなるでしょう」というような断定的，また，予言的言い方はしてはならない。なぜなら

ば，どんなアセスメントを用いても，絶対的真実を明らかにすることなどできないからである。「分かる」ことに対する謙虚な姿勢こそ検査者が常にもたねばならないものである。また，協力者には，「分からない」ことは「分からない」と誠意を持って伝える責任をもつ。

⑥　フィードバックのフィードバックをもらう。

協力者が説明をどのように受け取ったか，きちんと伝わっているかどうかを確かめる。自分の言葉の言い回しや，先入観や価値観が誤解を招いていないか丁寧に耳を傾ける。さらに，協力者が聞きたい情報，興味のある情報に関して，他の協力者の権利を妨害しないならば，積極的に説明を加える。

以上は，青年・成人・高齢者が協力者の場合であるが，子どもが協力者である場合には保護者に，学校や施設などを通して協力者を得た場合には仲介者に，報告することが義務である。これらの場合に最も注意すべきことは，報告内容が歪められて本人に伝えられたり，その後の本人に対する取扱いに不利を生じないようにすることである。例えば，筆者はこれまでに「生徒指導の資料にしたいので，心理テストの個人結果を得たい」という申し出がなされる場合を経験しているが，どのように使用されるかが不明であること，協力者との了解事項でないことなどから，断るべきである。このような申し出は保護者から出される場合も

あるが，対応は同様である。

§9 研究の評価と社会的意義

　従来，心理テストを用いた研究には，性質の異なる2群の協力者のテスト結果を比較するという定型が多く見られていた。そこでの問題意識は，結果に見られる差異によって心的機能の違いを論ずることにあると考えられるが，それは単に2群の違いをあげたに過ぎないのであって，けっしてそれぞれの群に含まれる人の心的機能がどのような働きをしているかを明確にしたことにはならない。心理テストを実施する際には，そのことに十分留意する必要がある。

第3章

観察法を使う

§1 はじめに

　私たちは日常，人についていろいろなことを見聞きしている。心理学に興味を持った人は特にそうかもしれないが，身近な家族や友達の言ったことやしたことだけではなく，電車の中での見知らぬ人の言動などに注意が向き，あれこれ考えることも多い。このような日常の観察と，心理学における科学的方法としての観察はどこが同じく，どこが違うのだろうか。

　このような，観察の方法論については，方法論の解説書を参照してほしいが，ここでは，研究者倫理と関わる観察の手続きを明確にするために，方法の概要を示しておくことにしたい。

§2 観察で何を行おうとしているのか

2-1 伝統的な科学的観察法とは

観察法についての伝統的心理学による解説では，日常行動としての観察と，研究法としての観察とを明確に分けることに特に留意していた。人の心的経験を直接的に記述する研究方法としては，従来，内観法があったが，乳幼児には適用不可能であり，さらに主観的だという批判があって，代わりに，第三者が被観察者の行動を客観的に観察記述する方法として，観察法が用いられるようになった。

現在でも観察条件の統制の程度によって，自然的観察法，実験的観察法，参加観察法などさまざまな分類がある。いずれにしても，被観察者にとってリアルで自然な日常的行動をそのまま把握できることが，観察法の長所とされるが，日常的行動に近いほど，行動の生起や観察条件下の変容を完全に統制できず，観察者のあたえる影響や，観察者による主観的解釈といった短所を持つと見なされている。

そこで，この短所を軽減し，結果の客観性，信頼性を高めるために，観察者の質を高める訓練や，さまざまな工夫がなされる。それには，観察者の観察記録技術の習得訓練のほかに，被観察者に対する先入観による影響を避けるために，被観察者を知らない観察者にすること，逆に被観察者が観察者に影響されることを避けるために，観察意図を

汲み取られないよう観察研究の目的を知らない人や，母や保育者など日常的に慣れた人が観察者になること，隠しカメラやワンウェイ・ミラーなどを用いて観察者の存在が見えないようにすること，などが考えられている。

こういった工夫は，心的にも身体的にも，被観察者から観察者を隠す方法と考えることもできる。

このことは，よく考えると，皮肉にも「行動をできるだけそのまま記録」するという目的に反して，むしろ，日常的に常識とされるレベルでの，人とのコミュニケーションのしかたを制限したり，不自然なものに変容させてしまう方法と考えることもできる。ヒューマン・エソロジー（人間行動生態学）では，カメラを向けられた人の行動の変化を記録してしまうことを避けるために，カメラを改造して横にレンズを隠し，本来のレンズは見せかけとし，カメラが向けられた人ではなく横の人を記録する方法が考案されたことすらある。このように考えると，観察者を隠すこと，観察者を被観察者から隔てることが科学的観察法の特徴で，日常的観察との違いとすらいえるかのようである。

日常，私たちが人を見るときにも，あまりじろじろと見ることは控えるのが常識だと思う。しかし，見る側の気持ちを見られる相手がどのようなものと考えるかによって，見ることや見られることが好ましいこととしても解釈されるし，好ましくないこととしても解釈されうるだろう。場合によっては，見られていないことが好ましくないことに

なることすらあるだろう。そこで、日常では、観察者であることを隠すことが取り立てて必要になるわけではなく、どのような見方が常識的に許容されるかの問題になる。

それに対して、伝統的な科学的観察法で、観察者を隠蔽することが必要だったのはなぜだろうか。おそらく観察者の存在が好ましくないという予測があったのだが、その「好ましくない」という判断の基準は何だろうか。

科学的方法としては、伝統的には、被観察者の本当の行動をとらえるための条件の統制が目的とされているが、それはあくまでも観察者側の目的である。この目的の達成のためには、観察者の存在によって被観察者の行動が影響されることは問題となり、さらに、どのような影響が及んだかを測定することが困難なために、観察者を隠蔽するという安易な解決策がとられる。しかし、この観察者による「影響」および観察者の「隠蔽」が、被観察者にとって好ましいことなのか否かという、被観察者側の基準からの判断は不問にされている。研究方法が研究者の観点からのみ記述されることが当たり前な時代には、たとえ研究者が気づいていても、被観察者の観点は観察方法の記述に十分反映されなかっただけかもしれない。しかし、観察者の観点から決定された、被観察者に好ましくない体験をさせないという暗黙の前提のもとに、観察者を隠蔽することが、研究目的の達成のための最良の方法と見なされ、実践されてきたことは事実であろう。

2-2 これからの科学的観察法に必要なこと

伝統的な観察法は，現在ではかなり変化してきている。変化の理由としては，倫理上の問題意識のほかに，被観察者の本来の行動についてとらえることが，単に観察者をさまざまなレベルで隠蔽することで達成されるものではないということに気づいたことがある。この変化は，科学的観察法をより日常的観察行動に近づけるような努力でもある。それは心理学だけではなく，さまざまなフィールドで生活する日常の人びとを対象とする，文化人類学や社会学などの学問分野で興ってきた，研究者と対象としての人との関係についての認識の変化と関係している。

それは，観察者の観察の場への参加度（観察を第三者に依頼する，観察の場にいても関わりを最低限にする，積極的に関わる，など）自体を，科学的観察の目的によって変化する変数であると見なす必要性を示唆する。このような変数としての観察者と被観察者との関係の距離を，研究者倫理の観点から吟味していく必要がある。

フィールド研究が重視されている近年，これから観察法を用いて心理学の研究を始めようとする人は，フィールドに入ることに伴う日常的観察と科学的観察の関係を十分に吟味する必要がある。

それには，第1に，科学的観察法の歴史的変化から学ぶことが重要だろう。そして，現在の観察法に必要な条件を自ら発見するためには，第2に，無意識に行っている日常

の観察行動の意味について内省してみることも重要である。

　特に，日常では自らも被観察者となる場面もあるので，その観点から学ぶことが貴重である。観察で行っていることはたしかに対象を見ることだが，観察者自身も見られる対象であることを知り，そのような相互性の中でどのような研究目的が果たせるのか，その可能性を事前に十分吟味する必要があるだろう。

　私たちは見たいものをいつもそのまま見ることができるとは限らない。特に，相手が人の場合には，観察者を隠蔽したとしても，何らかの影響を与えてしまうことを考えると，見たいことに近づくためには，観察者自身について被観察者に知らせていくことが，むしろ，被観察者が観察者をどのように捉えるのかを把握するためには有効になることもあろう。それはなによりも，被観察者の視点を常に忘れないということにつながり，倫理的要請にもかなうことになるだろう。

§3　観察の準備段階で行うこと

　観察には十分な準備が必要である。観察行動自体には日常慣れているとはいっても，日常の観察行動では，事前に意図的な計画をたてることは稀である。ではどのような計画をたてる必要があるのだろうか。

3-1 予備的観察

計画をたてるための計画といってもいいが,文献や体験から研究の漠然とした問いが生まれたら,それを十分な計画に仕立てるためにするべき手続きとして,予備的観察を必ず行う必要がある。問いに答えが与えられると予想されるフィールドで,実際に観察を行ってみる。観察の道具として録画・録音機器を利用するつもりならばそれを使っても良いが,まだそこまでしなくても筆記記録は必要である。

この予備的観察の結果から,

① 問題が明確になり,仮説が立てられる。
② 観察と記録の具体的手続きが決まる。
(1) 協力者の範囲の決定。(2) 観察場面の選定と構成。
(3) 観察記録・分析方法の確定。

3-2 真の協力者をつくる努力

予備的観察において最も重要なことは,研究者として自分が知ろうとする問題が,フィールドで日常生活をしている観察協力者にとって,どのような意味を持つかを十分に把握することである。そのためには率直に協力者に問題を説明し,意見を聞いてみることも役立つだろう。

例えば,教室での子どもの学習行動の観察をするとき,観察者にとっては,子どもが一人で問題を解くときも,先生に答えているときも,隣の友達と相談しているときも,学習行動として含まれる。しかし,年長の子どもの側から

は，一人で問題を解くときだけは，集中できないから録画されるのはいやだというような要求が出される可能性もある。そのような場合，一人での課題解決が観察カテゴリーとして重要でなければ観察からはずすなどの修正や，逆に観察者の知ろうとする問題についてより詳しく説明し，協力が可能かどうかの交渉をするなどの手続きを踏むこともできる。もちろん，このような交渉では，協力者の日常行動の保護が最優先されるべきで，観察者の研究目的の達成がそれに取って代わるべきではない。

　このような交渉は，予備的観察の前後のみならず，観察行動の途中でも折りに触れて行っていく必要がある。観察対象が交渉できない子どもの場合などは，保護者との十分な交渉が必要である。

　このような交渉が成功するか否かの基準を，観察者の事前の予想どおりの観察ができるということに置くべきではない。むしろ，フィールドの人たちの意見を聞かせてもらうことによって，事前の予想がより現実に見合った，生態学的妥当性の高いものに修正されうる。その結果，研究目的自体の修正も起こりうるし，問題や仮説，観察，分析方法全体にわたって，協力者のより日常的で自然な行動を観察することにつながる修正が可能になる。

　そしてなによりも，研究者にとって予測できない倫理上の問題を未然に防ぐことが，予備的観察への協力者のおかげで初めて可能になるといえよう。しかし，予備的観察な

ら倫理的問題が許容されるというわけではないので、やはり予備的観察の事前事後の倫理上の問題には十分な配慮が必要なのはいうまでもない。このような努力の結果、観察者の一方的な押しつけではなく、対象者、被観察者が真に研究協力者になりうると言えよう。

§4 観察の実施段階で行うこと

　本観察の実施は、予備的観察とその考察が十分に行われていれば、自動的に行うことのできる、比較的楽なものと見なされがちである。しかし重要なのは、むしろ、予備的観察などを経てあらかじめ厳密に定められた計画について、フィールドの状況に応じて修正していくことである。そしてそれを厭わないだけの柔軟性を研究者が持つことである。
　すでに予備的観察で修正が行われたのだからもう十分だ、と思うのは研究者側の考えであって、協力者の立場に立てば、本観察への態度は往々にして変化する可能性がある。それは、特に本観察が長期縦断観察であれば、その途中で態度の変化が起こる可能性が高くなる。研究者は協力者との新たな交渉を、そのつど、研究へのポジティブな示唆として積極的に意味づける必要がある。むしろ問題は、そのような観察経過中の交渉が起こりにくいような、固定化した状況での観察の繰り返しである。以下に本観察を実施する手順を考えていこう。

4-1 事前の説明，インフォームド・コンセント

　本観察は予備的観察とは異なるフィールドや協力者で行うこともあるので，研究の目的，問題，観察方法，結果の公表，報告についてあらかじめ十分な説明を行う必要がある。それは子細にわたる内容の説明を伴うが，協力者には必ずしも事前に十分な理解ができるわけではないので，あいまいなままになることも多い。そのような場合は実際に観察が行われてからの交渉へと持ち越されることになる。他方，事前の子細な説明が，協力者にむしろ観察への危惧を引き起こすという懸念もある。しかし，そのために協力者を失うのは，観察が開始されてから失う場合よりも，倫理上のみならず研究上のリスクは少ないといえよう。

　どのような観察を許容できるかという基準は，協力者の個人差に依存することも多いので，個別的なインフォームド・コンセントと対処が必要である。場合によっては観察場面に参加しない人（家族や施設長など）の許可を得る必要もあるので，研究の事前の説明とインフォームド・コンセントは，口頭説明に加えて文書として用意することが重要である。

4-2 観察の実施

　短期観察と長期縦断観察とでは異なった配慮が必要であると同時に，短期でも長期でも観察の回数と時間について，協力者の負担を十分に考えることが大切になる。あらかじ

め事前の説明がしてあることであっても，実際に行ってみたら協力者の感じ方が異なるということも起こりうる。そのようなとき，協力者が事情の違いを相談できるような受容的関係を作っておく必要がある。事前に約束をしたから，研究の迷惑になると申し訳ないから，など協力者側は日常的な対人関係の配慮のもとに行動する。それに対して，研究者側は往々にして，日常的視点を忘れ，研究至上主義に陥りがちである。しかも問題なのは，研究者がそのような自己の観点に気づきにくいということである。このようなことが大きな倫理的問題へと結びつく可能性もある。

では，研究者が協力者の観点を理解し，研究優先の立場から日常的な視点を取り戻すにはどのようにすればいいのだろうか。

それは，第1に，観察者と協力者とのコミュニケーションを十分にとること，第2に，研究計画に固執せず，協力者にとっての最善の状況を常に考えること，第3に，時に観察者としての研究者自身の観察行動を記録し，それを自分が無意識にとっている観点を知るために利用すること，などが考えられる。このようにすることによって，観察場面が受容的になり，協力者にとって不愉快な状況の強制的な観察と記録になることを避けることができるはずである。

例えば，幼児の集団保育場面の観察時にけんかが起こり，一人の子どもが派手に泣き始めたとき，リーダー格の子どもが観察者のそばに来て，「恥ずかしいから泣いてるとこ

は撮らないで」と頼むことなどがある。このような依頼にはすぐに応じると同時に，相手が子どもであればこそ，常にこういったコミュニケーションが成り立ちうる関係を作っておく必要があるだろう。

　最善の研究は計画の貫徹ではなく，協力者の要求に応じた柔軟な変更と交渉であること，研究者である前に，フィールドにおける日常の倫理的配慮を怠らない常識人であることを目標にしたい。

§5　観察の終了後に行うこと

　研究の成果とは何なのかを考えてみたい。研究者にとっては，論文として形をなしたときに初めて成果が目の当たりにできるものとなる。また，論文には公表という性質が伴う。では，協力者にとっての成果とは何だろう。観察の終了のみが達成感をもたらすのでは苦行のようなものである。教育実践に関する観察研究では，常にフィールドに寄与することを考えるが，そういう研究であっても，現場にプラスとなる成果を提供できる観察研究はなかなか成立しがたい。同じようなことが，観察法を中心とする他の学問分野でも問題になる。共通の問題は，データの一方的搾取に陥らない，協力者にも寄与する観察研究の成果とは何かということである。

5-1 研究成果の寄与のずれと解消の問題

　研究者の目的と協力者の目的が共通にならないかぎり，観察研究の成果が両者に与える寄与の焦点はずれる。このずれは当然だとしても，問題は，片方にとっての寄与が他方にとっての被害になるようなずれが起こる可能性を排除することである。例えば，子どもにとっての好ましい発達を期待することが，大人に共有された感情であるとすれば，発達研究の研究者と協力者に，このような問題の起こる余地はないと思われる。

　しかし，目標は同じでもそれを達成するプロセスが異なることもある。例えば，観察された結果に，研究者にとっては好ましい，あるいは好ましくないと思われる，子ども同士のやりとりや，子どもと大人のやりとりがあったとする。それをそのまま記述すれば，その結果は，協力者側の大人にとっては，研究者の判断に対して違和感をいだく場合もあるだろう。そのような場合，すでに公表されたか否かで協力者側の反応も異なるので，公表に先だって研究者側の観察結果の読みとりや，発達プロセスにおける意味づけについて解説し，十分な理解を得ることが望ましい。欲を言えばそのようなやりとりのなかで，協力者側も観察者側も互いに気づかなかった意味づけを披露しあい，新たな視点を学ぶ手段とできれば最善であろう。このようなことが達成されて初めて，観察研究の成果が研究者側にのみならず，フィールドや協力者側にも及びうる。

5-2 公表に伴う問題

　観察結果の公表はたいていは文書であり，それとは別に映像資料が残る。文書には個人の同定ができるような情報が排除されていたとしても，何らかの手段でそれを突き止めることができないとも限らない。このような性質のものであることを十分協力者に了解してもらう必要がある。問題は，協力者が幼く，その了解が成長につれて変化する可能性をもつ場合である。将来の倫理的判断の変化まで予想して現時点の研究を遂行するわけにはいかないが，現在の保護者の了解のもとで，幼い協力者が将来にわたって了解し納得しうる範囲の内容で公表するべきであろう。公表することのみならず，その公表によってどのような範囲の人にどのような意味で読みとられる可能性があるのかまで，解説することも必要である。

　映像資料については，研究成果の公表文書とは別個に説明したり，資料の取扱いに関する文書を取り交わす必要があるだろう。

　第1に，映像資料を公表する場合についての手続きである。ビデオでも静止画でも，どういった映像資料をどのような目的でどのような対象の人に公表するのかを知らせ，許可を得る。研究者本人のみならず，他の研究者が当該映像資料を利用する場合についても，許可が必要であるし，許可が得られない場合は公表しないことである。公表される側では，不特定多数の人に映像が公開されることには不

安が伴うことを十分理解する必要がある。さらに将来にわたって，公表する場合には許可を得る手続きをとること，すなわち「同意書」を文書にすることも大切である。

　第2に，映像資料を公表しない場合の手続きである。将来にわたって公表しないことや，公表しなくても研究作業上どういった人が映像を視聴する可能性があるか，将来にわたる資料の保存方法などについて解説し，文書にすることが重要である。場合によっては，保存に関しては協力者側が拒否する可能性や，協力者側に資料を引き渡すことが要求される場合もあるだろう。このような場合は，研究にとっての必要性を理解してもらい，期限付きで使用することなどを交渉することも必要である。プライバシーの保護や肖像権の問題など，すでに映像資料に関する日常的なレベルでの一般の人びとの権利意識や判断に大きな変化が生じてきているため，研究者はそれを後追いするのではなく，先んじて判断していくことが急務であろう。

第4章

面接法を使う

§1 面接法をなぜ用いなければならないか

　面接法は，質問紙法やテスト法などでは得られない複雑・微妙な資料を得ることができる手法である。しかし同時に，さまざまな研究方法の中でも，面接法は最も協力者を時間的にも課題的にも拘束することが多いものである。それだけに，安易な考えでこの手法を使用し，協力者に多大な負担をかけながら，やはりうまく行きそうもないから止めにしたなどということでは済まされない。その意味でも準備の段階であらゆる面から十分な検討が必要である。倫理面から検討すべき事項は以下の五つにまとめられる。(Kvale, 1996, pp.119-120 より)

　① 自分が設定した課題について，協力者に面接を行うことが，協力者自身にどのような利益をもたらすであ

ろうか。
② 自分が設定している課題は，協力者から十分な説明の上で同意が得られるであろうか。
③ 自分の研究計画では，協力者に対する守秘義務が完全に守れるだろうか。
④ 自分が計画している面接では，そのプロセスで協力者にとってマイナスなことはいっさいないであろうか。
⑤ 自分は，協力者の発言に共感しながら，しかも，一定の距離を取る面接者という役割に終始できるだろうか。

§2 面接される協力者の心理

　面接が協力者にどのような気持ちを与えながら進行するかは面接者の技量と面接内容にかかっているが，面接に臨む協力者に何らかの緊張や不安があることは否めない。それは何を聞かれるのだろうかという疑問によって起こるものと考えられる。このことを少しでも軽減するためには，§5で述べるインフォームド・コンセントが十分になされているかにかかっていると言える。しかし，たとえそれが協力者にとって納得のいくものであったとしても，面接は一種のストレス場面であることには変わりない。
　このような協力者の心理を微に入り細をうがって感じ取っていく姿勢が面接者には必要であろう。そこから，回答

しやすい質問を面接の最初に設定したり，協力者の回答内容に従って質問の順序を変えていくこと，協力者の回答を面接者が理解したところを相手に伝えてみること，協力者の疲労に気づかうといった配慮が生まれてくる。

　文章による事前の説明が，協力者の構えを軽減することにつながることもあるが，事前に考えておいてもらうように求めることが，かえって協力者を身構えさせることもあるので，協力者の人柄を理解することによって臨機応変に対応していくことが必要である。

§3　面接への協力者の発見と依頼
――インフォームド・コンセントの手続き――

　この部分については，第2章「心理テスト法を使う」の§4「心理テストへの協力依頼」を参照のこと。

§4　複数の面接者による一人の協力者への面接

　面接は1対1で行われるのが通常であるが，面接者が二人であったり，一人が記録を取るという立場で同席して進められる場合もある。これらは協力者に圧迫感を与えるということから避けるべきところと考えられるが，やむをえない場合には，こちらがその方針を決めてから，協力者に伝えるのではなくて，事前に相手に相談し，決定を委ねる

ことが必要である。

§5　面接場面と面接の進め方

　面接を実施する場所は慎重に選定する必要がある。ゆったりとした気分で協力者が面接を受けられることに何よりも留意したい。できるだけ静かな部屋を用意することが望ましいが，協力者の都合によっては，先方に出向いたり，喫茶店などを利用することもやむをえない場合がある。二人が座る位置は，まったくの対面よりも面接者が少し横に寄る（協力者が面接者の左斜め前に座る）と協力者の緊張を軽減するのに役立つ。

　面接が面接者と協力者の相互作用によって成り立っていることは前にも述べたところであるが，このことは面接者が用いる用語や表現によっても面接の展開が異なっていくし，服装やマナーもおおいに影響することを意味している。面接が長時間に及ぶ場合には，途中で休憩を入れたり，飲み物や茶菓子を用意することも必要である。

§6　面接中の記録とテープレコーダーの使用

　面接中の協力者の応答をそのまま記録することは，この方法を用いる場合に最も必要なことである。しかし，面接をしながら，同時に記録を取ることは難しい。そこで，協

力者の了解が得られれば，記録者を同席させることも考えられるが，これは協力者に圧力となる場合があるので，できるだけ避けた方がよいであろう。

　そこで，テープレコーダーを使用し，とにかくすべてを録音しておいて，終了後それを文字化（テープ起こし）することがしばしば用いられる。この場合，まず機材の使用をインフォームド・コンセントの段階で協力者に伝え，了解を得ることが求められる。そして，単に録音を取らせてもらうことだけではなくて，そのテープをどのように使用し，保管するかについても言及して了解を求めることが必要である。もし，面接には協力するが，録音は拒否するという回答があった場合には，記録者の同席を提案してみることである。このことについても拒否された場合には，面接しながらメモを取ること，それも不可能な場合にはひたすら記憶していて，終了後にそれを記録するしかない。

　協力者から録音の承諾を得た場合には，協力者がテープレコーダーの存在を認められる位置に機材を置くことが望ましい。見えないところに置いて操作することはかえって協力者に疑念を抱かせることになる。そして，テープを取り換える必要があるときには，その時点でそのことを申し出て，会話を中断して，その作業を行った方がよい。マイクロフォンはできるだけ小型なもので目障りにならないものを選んだ方がよいであろう。二人の発言を明瞭に記録できるような性能をもっているものがよい。

面接にテープレコーダーを使用する場合には，面接の予定時間よりも大幅に長いテープを用意した方がよい。できれば，片面の録音時間が長いものに越したことはない。テープには事前に協力者のID番号，日時，場所を書いたラベルを貼っておき，終了後に録音時間を記入しておくことが後での混乱を避けるために必要である。他の協力者の面接録音と混在させないようにしておく。

　ビデオカメラを用いて，ビデオレコーダーに記録することも考えられる手段であるが，このことについてもあくまでも協力者の了解のもとに実行すべきことである。

§7　協力者への謝礼

　礼状に加えて，何らかの形で協力への謝意をあらわすことを忘れてはならない。それをどのような形にするかは，協力者への負担とそれに対する面接者の気持ちの現れによって判断すべきことである。心理テストのときと同様，協力者にわざわざ来てもらって面接をする場合には，かかった交通費などは，別途支払う必要がある。

§8　面接資料の解釈と分析

　最も避けるべきことは，研究者の恣意によって，面接資料をつまみ食い的に利用して，問題としていることが協力

者の言葉で語られたかのように辻褄を合わせたり，研究者が面接記録を捏造して，それを分析するなどである。

§9　面接資料（テープ）の保管

　面接記録や録音テープはそれ自体は，それがどんな内容であれ，協力者のプライバシーそのものである。このことから，その管理には細心の注意をはらう必要がある。まず，なによりも録音テープを研究者が分析後も引き続き保管しておいてよいか，協力者の許諾を得ることである。もしも，協力者から消去してほしいという申し出がなされた場合には，ただちにそのようにして，その旨を協力者に告げるべきである。保管が許された場合には，どのように保管していくかを協力者に伝えてから，そのとおりに実行していく。もしも，研究を口頭で発表する必要があっても，記録テープそのものを協力者の肉声によって聴衆に聞かせることはするべきではない。これらのことについては，ビデオテープについても同様である。

　もしも，何らかの理由によって，第三者に視聴させることが研究者に不可欠であると判断される場合には，協力者に材料を視聴してもらう機会を設定した上で，説明・了解を得ることが必要である。

§10 協力者・保護者・仲介者への報告

　報告書は，研究者の問題がどのように解かれたかを分かりやすく説明したものであることが望まれる。この場合，面接協力者宛に作られた報告書では，面接記録がどのように分析されて，そこからどのような結果が導かれたか，その道筋をやや詳しく書いた方が，協力者がどのように寄与できたかを理解してもらうために望ましいと言えよう。

　保護者宛の報告が必要であるか否かを仲介者に尋ねて判断を求めることが必要な場合がある。例えば，幼児や学童の協力を幼稚園・保育園・学校を通して行った場合には，子どもの協力を得ることを仲介者の判断で進めている場合があるので，必ず事前に確認した上で，求められたならば，保護者宛の報告書も作成するというようにした方がよいであろう。

　保護者や仲介者から面接記録そのものの閲覧を求められた場合には，必要最低限を匿名で提出する程度として，できるだけ協力者に対する守秘義務を履行できるようにすることが必要である。学級内での指導資料にするなどの理由で，個人照合ができる形での提出を求められた場合には，そのことには応じられないことを先方に十分に理解してもらうことが必要である。

§11 面接記録の引用

　研究者が論文の中で面接記録を引用する場合には，まず，何よりもその取扱いについて，協力者の匿名性が保障されるように配慮して行うことは当然のことである。そして，研究者が述べる文章の間に協力者の表現をそのまま引用する必要がある場合には，何よりも，引用する必然性があり，文脈の中で本文と引用文とが流れとして読者に自然に理解できるものでなければならない。その意味で，引用の整合性について執筆者が言及しておくことが読者の理解を助ける場合もある。

第 **5** 章

実験法を使う

§1 実験法で何を知ろうとしているのか

　実験法は，何らかの要因の効果がいかなるものであるかを知るために，実験者が実験計画にもとづいて，関連する要因を人為的に統制する手続きを指す。実験法の起源はブント（W. Wundt）にまで遡ることができ，心理学で用いられる研究方法の中でも歴史が古い。知覚や感覚，学習や思考などの研究領域でよく用いられる方法である。

　実験法には，実験者と協力者（被験者）が1対1で行う個別実験と，実験者一人に対して協力者（被験者）が複数人いる集団実験がある。いずれの実験条件においても，実際に実験を始める前に，実験の手順や分析の仕方についてあらかじめよく考えて計画し，実験手順について十分に習熟しておかなければならない。もしも実験の途中で教示を

変えたり，手順を変更したりすれば，それまでに行ってきた実験を最初からやり直すことになるかもしれない。そうした状況になれば，せっかく協力してくれた人の時間と労力が無駄になる。そのようなことにならないためにも事前の準備を慎重に進めておくべきである。

　実験法に関しては歴史も古くこれまでの研究の蓄積がかなりあるので，ある特定の実験をお手本にして，要因を少しだけ変えて実施することも可能である。誰か他の研究者が行った実験を，手続きを変えずにまったく同じ手順で別の協力者について実施した研究を追試という。そうした追試研究を卒業論文や修士論文として認めるかどうかは，それぞれの大学や大学院における判断にもとづく。追試研究にもそれなりの意義はあるだろうが，自分の問題関心を生かして実験を工夫して作り上げていく努力を大切にしなければならないだろう。自分のやりたいことに取り組もうとすると，実験装置を自作したり，実験用のコンピュータ・プログラムを作成したりする必要性も出てくるかもしれない。それもまた実験をする一つの楽しみでもあろう。いずれにせよ，実験開始前にさまざまな手順について十分に準備しておくことが肝心である。

§2 実験の準備段階で気をつけること

2-1 協力者に過度の負担をかけない

　実験には，脳波を測定するような生理実験から，コンピュータを使った記憶実験まで，さまざまな種類のものがある。

　実験を計画する際に，まず最初に気をつけておかなければならないのは，協力者に著しい疲労やストレスを引き起こすような実験は，避けなければいけないということである。実験を開始する前に，協力者に実験の概要について説明し，実験に参加する同意を取ったとしても，協力者に過度の負荷を与えるような実験は，その適否を慎重に検討する必要がある。

　あらかじめ，自分自身がいろいろな実験の被験者になってみることは，協力者の立場から実験条件を見直す姿勢を養う上でも重要といえる。また，準備ができたからといって，いきなり実験を開始するのではなく，事前に実験手順に十分習熟しておくことが重要である。そのために，実験を複数で行う場合は，そのメンバー同士で，また自分の身近な同級生や後輩などに協力してもらって，十分な練習を行ったり，実験の内容や手順をチェックしてもらうことも，時には必要だろう。

2-2 協力者とのラポートをとる

実験を実施する前に,協力者と十分なラポート(信頼関係)を取ることは,実験をスムーズに進行させるためには不可欠である。協力者との関係がうまく取れないために相手が過度に緊張してしまって,そのために途中で実験を中断しなければならないようなことも,生じる可能性がある。

一般に,協力者の年齢が低いほど,実験の前にこうしたラポートを形成しておくことが重要になる。幼稚園や保育園で実験を行う場合には,実験に先立って1週間程度,園児たちと一緒に遊んだりすることで,子どもたちと親しくなれる。幼稚園や保育園によっては,保育に入ることを求められることもある。その場合はできる限りの協力をすることが望ましい。それは研究者にとって,子どもや国の保育方針を知る得難い機会となろう。

大学生や大人を対象とした実験でも,いきなり実験に入ってしまうのではなく,雑談や世間話などをしたりして,互いに少し打ち解けた関係になってから実験を始めることが望ましい。

2-3 統制群は実験に必要なのか

実験法には,統制実験(実験群と統制群を作り,両群の成績を比較する)や形成実験(形成プログラムにもとづいて一連の手順で訓練を行う)などがある。統制実験はこれまで比較的多く用いられ,多くの成果をあげてきた。それ

は，実験要因を厳密にコントロールでき，そのことによって要因の影響を明確に検討できることによるからであろう。心理学研究上の意義は大きいといえる。

　本来的に，統制群とは実験群に対する処理の効果を比較対照するための手続きである。例えば，幼稚園児を対象とした数概念の理解についての実験の場合，実験群には数の概念の習得に関連する何らかの実験操作が加えられ，統制群には何も行われない。ということは，統制群の子どもたちには，最初から，数概念に関する理解や知識水準の向上が求められず仮定されていないということになる。通常，実験法の手順では，子どもたちはランダムに実験群と統制群に割り当てられる。その場合，数概念に関する理解や知識水準の向上が望まれない群に子どもを割り当てるという行為を，倫理的な面からどのように考えたらよいのだろうか。

　統制実験の代わりに，縦断的な形成実験（同じ子どもたちを一定の条件下で追跡的に観察する方法）などで訓練の効果を検討するのも一つのやり方であろう。統制群は心理学の歴史上，長い間用いられてきたものであるが，今一度，統制実験のもつ意味をとらえ直してみることが大切だろう。

2-4　コンピュータ・ソフトの利用

　最近では，心理学の実験もコンピュータを利用して行わ

れることが珍しくなくなってきた。実験用のソフトウェアも数多く開発されている。そうしたソフトウェアを利用するときには，誰が著作権を所有しているのかをきちんと把握しておくことが大切である。有料で販売されているソフトウェアを無断で不法にコピーして利用するのは法律に触れる行為であり，けっして行ってはならない。

このためには，研究計画立案時に実験用ソフトウェアの予算も十分検討し，無理のない計画を立てる必要があろう。

§3 実験を実施する段階で気をつけること

3-1 インフォームド・コンセントと実験への参加を断る権利

実験に先だって協力者とのラポートを取ることの大切さについてはすでに述べた。また，インフォームド・コンセントの重要性も言うまでもない。実験を開始する前に，実験の概要や協力してもらう意義について，実験そのものに支障が出ない範囲で最大限くわしく説明し，協力者からの同意を得なければならない。

そのときに，同時に，協力者が実験への協力を拒否する権利を持っていること，実験の途中でいつでも実験への協力をやめる権利を持っていることを知らせなければならない。実験室に入るまでは実験に協力するつもりでいても，いざ実験について説明を受けた段階でイヤになる人もいるかもしれないからである。

年齢の小さい幼児や小学校の低学年の児童に対しても，分かる範囲で説明して同意を得る手続きを取るべきだろう。幼稚園・保育園，小中高校で実験する場合，親の同意までを得るべきかどうかは，実験の内容にもよるだろう。また，個別の園や学校の方針も違うと思う。どこまでをインフォームド・コンセントの範囲とすべきかは一律に決めるべきものではないが，研究を進める際には，協力者本人だけでなく，その保護者までを含めたなるべく広範囲の関係者をその視野に入れておくことが望ましい。

　インフォームド・コンセントは必ずしも書面で取る必要はない。口頭による実験手順の説明の後に，協力者から口頭で承諾を得るだけで十分な場合が多いだろう。ただし，電極を頭や手足に装着して脳波などを取るような実験や，心身に何か影響を及ぼす可能性のあるような実験の場合には，念のために書面でインフォームド・コンセントを取っておいた方が望ましいだろう。

3-2　協力者は実験をどうとらえているのか

　実験の実施段階では，実験そのものを協力者がどのようにとらえているかを知ることが大切である。幼稚園や保育園で，前日まではみんなと仲良く遊んでくれたお兄さんやお姉さんが，翌日になると，子どもたち一人ひとりを別室に呼んで，何やらお勉強やパズルのようなものをやったりする。子どもに聞くと，「ぼく，おべんきょうしてきた」

などと言ったりする。ある子どもは自分が知っているかどうかを試されていると考えるかもしれないし，別の子どもはクイズ，さらに別の子どもは遊びととらえているかもしれない。

　実験を計画した側の人間は，協力者は実験をこんなふうに認識しているはずだと自分の立場から思い込みがちである。しかし，実際にはいろいろなとらえ方が存在する可能性がありうる。ここでもまた，協力者の側から実験の内容や条件を見直してみることが必要だろう。

§4　実験の終了後に気をつける点

4-1　実験目的の説明

　実験が終わったら，どのようなねらいで実験を行ったのかを協力者によく説明し，納得してもらうことが大切である。実験を通じてどのようなことを明らかにしようとしたかという実験の目的を知らせることは，実験に協力してもらった協力者への礼儀でもある。実験内容について協力者が知りたがっていること，疑問に思っていることに対して，十分に答える義務を実験者は持っている。ただし，どの年齢からどのように説明すべきか，どのような内容を知らせるのかは，個別の実験によって異なるので，一律に決めることはできない。しかしながら，できるかぎりの範囲で実験に協力してもらった協力者に実験目的を知らせていくこ

とが重要だろう。

実験の中には，相手をわざと欺くような操作が含まれるようなものもある。そうした実験の場合には，必ずデブリーフィングを行い，協力者をケアしなければならない。

4-2 実験結果のフィードバック

すべての協力者に対する実験が終了し，分析結果がまとまった段階で，実験に協力してもらった機関（幼稚園・保育園，小中高校など）に報告することは最低限の義務である。そのような配慮をすることによって，次に実験を依頼する後輩などがスムーズに研究への協力を得られるようになるかもしれないのである。簡単なレポートでよいから，必ず報告するようにしたい。

大学生を対象としたような個別実験の場合にも，すべての実験が終了した後に，希望者に報告書を郵送などで送るような手だてをとることが望ましい。こうした事後報告はほとんど行われていないようであるが，実験をやりっぱなしにしないためにも励行すべき事項であろう。

4-3 実験結果の管理

実験のデータの場合には，プライバシーの問題などに触れるような性質のものは少ないと思われるが，課題解決などの実験等で個々人の能力水準などがはっきりと分かるような実験結果が出るようなこともあるだろう。実験終了後，

個人ごとの情報が漏れないようにデータの管理に十分注意を払うことは言うまでもない。

4-4　協力者への謝礼

実験には，拘束時間の長いものも短いものもある。また，課題が簡単なものも難しいものもある。実験は多種多様であるので，一律に謝礼の金額を決めることなどできないが，貴重な時間を割いて実験に協力してもらった協力者の労力を考えれば，自分が払える範囲での謝金（あるいは茶菓子）を用意しておくべきであろう。幼稚園・保育園，学校などで，児童・生徒に謝金，あるいは茶菓子を個別に渡すような場合には，あらかじめ責任者に一言断っておくのがよい。

もし謝金という形でお礼ができないとしても，実験結果をレポートのような形で後日報告すれば，誠意は伝わるはずである。

§5　全体を通して気をつける点

実験法は綿密な手続きに則って進められ，実験装置やプログラムなどの準備などもあり，研究に取りかかるには準備の時間がかかる。その一方で，研究の形式が整っているので，自分の問題関心を深く考えなくても，追試あるいはちょっとした実験手続きの改変で実験を実施して，取りあ

えずお手本どおりに進めれば，何らかの結果を得るのは比較的容易である。しかし，手順などの形式がきちんとしているだけに，その形式に相手を合わせて理解しがちになる危険性がある。したがって，協力者の側に立って，自分が進めようとしている実験の意味を考え直してみる姿勢を大切にすべきである。

第6章

臨床にどう取り組み，研究するか

発達障害に即して

§1 はじめに

　発達障害・発達臨床に即して考えよう。発達過程の中で，運動，知的発達，言語・コミュニケーション，社会性など，さまざまな障害や問題をもつ方々に対し，その能力や環境等のアセスメントを通して，援助の方針を決め，本人および，本人に関わる家族，教師などに具体的な援助・支援をおこなってゆくことが，発達障害・発達臨床の主要な業務である。

　発達障害・発達臨床の研究の対象者は，もともと社会的に弱い立場に置かれている場合が多いことを認識しておく必要がある。このために，研究・臨床活動に際しては通常の場合以上に慎重な倫理的な姿勢が求められる。

　ここでは，「発達障害児（者）などを対象にした実験・

調査などの研究活動」と，「発達障害児を対象にした臨床活動」とに分けて基本的な倫理上の留意点について述べる。

§2 発達障害児（者）などを対象にした実験・調査などの研究活動

2-1 何のための研究か

行おうとしている実験研究や調査研究が，直接的にはその研究の対象者・協力者の利益にはならない場合があるとしても，間接的・将来的にどのようにその人びとの援助に貢献するのかを，研究者は常に自らに問わなくてはならない。対象者・協力者への協力依頼，インフォームド・コンセント，また研究結果の報告に際してはこの点についての説明が不可欠である。知的障害などによって，本人による直接のインフォームド・コンセントが困難であると判断された場合には保護者から得るようにする。

2-2 研究対象と方法が適切か

研究を始めるにあたって研究者は，研究計画を立案し十分検討した上で，適切で最もふさわしい対象と方法を選ぶ必要がある。対象者への負担を考慮せずに，不用意に対象者を選んだり必要以上の対象者にお願いをしてはならない。対象者への負担は最小限に留めることが望まれる。

2-3　対象者の自由は保障されているか

対象者が研究への参加を辞退したり，中断したい旨を申し出た場合は，対象者の選択の自由を保障し，即応するようにする。また，自ら申し出ることが難しい障害者や子ども・高齢者などの場合には，日常，対象者と接している保護者・介助者などから本人の意思を確かめてもらうとよいであろう。

なお，プライバシーに関わる研究の場合は，結果の発表に関しては対象者が容易に特定できないよう配慮する必要がある。例えば個人名などは出さないなど。

2-4　対象者に対し危険を冒させないこと

対象者に対し，身体的・心理的な苦痛や危険および害を及ぼすような行為を継続的に行ってはならない。やむをえず一時的に苦痛を与える場合でも，与えた苦痛や危険が心的外傷として残る性格のないことを慎重に検討した上で実施すること。

2-5　研究意図を隠す場合への注意

研究に当たって，研究上やむをえず研究の意図を隠したり偽ったりする必要がある場合には，研究終了後，対象者にその理由を説明すること。

2-6 研究の目的・方法・公開方法についての
　　　インフォームド・コンセント

　対象者に対して，事前にできるだけ文章にしたものを用意し，それを使って研究の目的を分かりやすく説明する。目的の説明に際しては，研究者にとっての目的だけではなく，2-1 で述べた発達障害・発達臨床の当事者にとっての研究の意義について言及を加えたい。実験の場合には，具体的に場面，実験道具，所要時間などを説明する。研究への参加の辞退や中断の自由もあることも説明する。また，プライバシーが保護されることを説明し，研究結果を公開する方法，そのことの了承ももらう。その場でも意見，質問をしてもらうが，後に質問などが可能なように研究者との連絡方法を知らせておく。

2-7 研究結果の報告と感謝

　できるかぎり研究結果を対象者・協力者に知らせる努力をする（例えば，協力していただいた家族，親の会，学校などに）。その際，論文の体裁そのままでなく，一般の人びとにも分かりやすい形式・文章によって説明をすることが必要である。論文そのものには明示されていない場合にも，報告書には，得られた結果が間接的・将来的に発達障害・発達臨床の当事者の援助にどのように貢献するのかを示すべきであろう。その際，研究協力への感謝の気持ちを伝えるのはいうまでもないことである。

§3 発達障害児などを対象にした臨床活動

臨床活動の内容は，保育園などへの巡回指導，保健所での検診，施設・学校での治療・指導など，幅広く，それぞれの臨床場所での配慮点は異なる。しかし，基本的な倫理にかかわる事項は共通しており，以下に述べる治療・指導に準じるものである。

3-1 何のための臨床活動か

臨床活動の目的は対象者のより豊かな生活を援助することにある。行われている治療・指導が，対象者本人の真の利益になっているかを常に検討しつづける必要がある。そのために，臨床家は適切な治療・指導が行われるよう自己研鑽することが必要である。また，対象者への援助だけでなく，対象者を取り巻く周囲の人びととの対応のしかたや価値観について検討し，それらを変えてゆくことが必要な場合があることも，認識しておきたい。

3-2 臨床家は自分の業務に責任を負っているか

臨床家は自分が行う相談や療育行為の結果に責任をもつ必要がある。相談や療育はあくまでも対象者の利益のために行うものであり，臨床家個人のため，あるいは組織の営利や政治的目的のために行ってはならない。

3-3　対象者の人権は保障されているか

　臨床家は，対象者が治療を受ける権利，および危害から逃れる自由の権利を常に保障するよう努力する必要がある。また，診断・評価を強制してはならない。診断・評価の結果が誤用・悪用されないよう配慮することが大切である。診断・評価をした本人の意図と異なる目的で使用される場合があるので，注意が必要である。例えば，知的障害を持つ人の知能検査の結果が，その人を集団から排除するための資料として利用されるなどである。

　抵抗できない子どもや障害者などを対象とする場合，本人よりも代理者（保護者，教師，裁判所，公共機関等）の利益が優先されることがないように配慮することも必要である。

3-4　治療・指導の目標が適切か

　臨床活動は対象者本人の利益になるものでなくてはならない。指導目標などが本人のニーズに対応したものであるかどうか，十分に検討されなくてはならない。研究目的のために本人のニーズとかけ離れたものになっていることはないかを吟味する。

3-5　対象者のプライバシーは守られているか

　臨床活動中に得られた対象者に関する個人情報をむやみに公表してはならない。対象者の秘密を保護する責任をも

たなくてはならない。事例研究など，研究上公表せざるをえない場合は，相手の了解を得るか，個人が容易に特定できないような表現の工夫が必要である。

3-6　活動の記録を残すこと

施設などの利用者にとって最善の方法がとられている証拠としての記録を残しておくこと。当事者間に食い違いが生じたときには第三者に評価してもらう必要が生じる場合もあるからである。

3-7　自分の立場の悪用をしていないか

臨床家は対象者への影響力や私的欲求をつねに自覚しておくべきである。相手の信頼感や依存心を不当に利用して，私的関係をもたないよう留意する必要がある。相手が断りにくい立場であることに留意せずに，業務以外の場面で食事をしたり，会ったり，相手に私事を依頼したりしないこと。

また，相手が異性の場合は，むやみに触れたり，言葉のいやがらせをするなど，セクシャル・ハラスメントにあたるような行為を避けること。

3-8　対象者にとっての危険を無視していないか

自殺警告を無視したり，対象者が薬物を乱用していることを無視したり，重大な身体的疾患が進行しているのを無

視するなど，対象者の生命の危機につながるような事態を無視しつづけることは，臨床家のとるべき態度ではない。

3-9　治療・指導へのインフォームド・コンセント

対象者あるいはその保護者に，治療・指導の目的，方法を正確に分かりやすく説明し，同意を求める。当事者からの意見・要望をできるかぎり反映させるようにする。対象者が治療や面接の中断・辞退の意思表明の自由もあることも説明しておく。予測される治療・指導効果については，科学的根拠に基づいて適切に説明し，けっして過剰にならないよう注意する。

例えば幼稚園などでは，教諭から子どもの障害や問題が発見される場合も多いが，簡単な観察などの場合を除き，原則的には保護者への説明の後に，検査などがおこなわれる必要がある。保護者から，拒絶される場合もありうるが，どのように保護者に説明をし，同意を求められるようにするかも臨床家の技能といえる。

3-10　自己研鑽をつんでいるか

臨床家は対象者に対して最善の治療や相談を提供することが求められている。そのためつねに知識と技術を研鑽し，向上心を常にもっていなければならない。また，自分にできることとできないことの限界を見極めておくことも肝要である。自己の限界を超えた事態が生じた場合には，恩師

などにスーパーヴァイザーの援助を求めるか，他の専門職と連携をとることが望ましい。

3-11 臨床家同士の関係について

さまざまな臨床的方法が開発されている中で，とかく，臨床家同士が，感情的・印象的な非難の応酬に陥りがちである。相互の批判は臨床研究上必要であるが，その際には客観的なデータを示した批判をおこない，反批判の余地を保つことが大切である。

第7章

臨床場面からのデータを使う

§1 はじめに

　例えば，臨床の場面から得られたデータを用いて研究を行う場合には，問題を抱える個人とその家族のプライバシーを守りながら，一方で臨床の理論と実践の発展に貢献し，そして，ひいてはさまざまな障害や困難を持つ人びとの福祉に貢献するために，研究成果を広く社会に公開していくという，ともすれば背反しがちな二つの価値を合わせて実現するように努めなければならない。ここではこのような困難な課題に直面する研究を行う際に留意すべき事柄について考察する。

　なお，この章の課題として臨床に携わるにあたっての倫理的問題を直接的に論じているのではなく，そこから得られたデータを用いるという間接的な場面について論じてい

ることを付け加えておく。そのような直接的な問題は臨床の専門性そのものに関わる問題であり，臨床の教育や資格のあり方を含めた，より広範な議論が必要であると考えられる。実際，各方面で議論は進められつつあり，臨床心理関係の資格認定に際して，倫理規定や倫理綱領というかたちで成文化されている例もある。

§2 プライバシーの保護と研究者の責任

　発達臨床に即して考えよう。臨床に関わる研究において何事にも優先して考慮されるのは，研究協力者であり発達に問題を抱えている個人とその家族のプライバシーの保護である。発達上の問題をもって生きることは，現状ではそれだけで社会的に不利益を被ることが少なくない。したがって，研究協力者本人およびその家族を，第三者がそれと特定できるような情報は，いっさい明らかにしてはならない。

　また，仮にプライバシーが守られているとはいっても，社会生活を送る個人が，例えばケース研究というかたちで，現在および過去の自分について広く語られる状況があると認識することは，それだけで痛みを伴う経験ともなりえよう。研究の基本として，協力者とその家族の立場に共感できることが何よりも大切である。

　そのような人びとが，研究に協力し，プライバシーに関

わる事柄を研究者に開示してくれるのは，その研究者が診断と治療教育に携わり，ともに歩んでくれるという信頼関係があればこそであろう。また，臨床的研究を通して臨床に関する知識や経験が蓄積され，例えば発達に障害や困難を持つ人びとの福祉に役立てられていき，ひいては発達臨床の体系が発展することへの期待があってのことであろう。それだけにその人びとの信頼と期待に応える研究者の態度が何よりもまず求められている。

　その上で，臨床的な研究を行う際には，協力者のプライバシーを守りながら，そこで得られたデータを研究成果として公開するための同意を得ることが必要である。本書でも繰り返し強調されている「インフォームド・コンセント」は，臨床的な研究の場合には何にも増して大切である。同意を得る手続きはさまざまあろうが，事前に研究計画書を示し，協力者の納得の行くまで説明を行った上で，できるだけ書面にしたためた同意書に署名してもらうことが望ましい。協力者が子どもである場合には保護者に署名してもらうことが必要であろうし，幼い子どもである場合には保護者の署名のみにとどめざるをえないこともありえよう。

　要は，いったん同意が得られた場合でも，協力者はいつでもその同意を覆す権利を留保しているということである。研究の途上にある時はもちろん，発表された後であっても，協力者の求めがあれば，研究者は協力者のプライバシーを保護するためにできる限りの努力をしなければならない。

§2　プライバシーの保護と研究者の責任

さらに発達臨床の場合には、子どもであった協力者が成長して大人になったとき、かつて保護者の同意のもとで行われた研究がどうしても意に沿わないということも起こりうる。そのような場合、例えば、その研究が論文として学会誌に発表されていたとして、研究者および学会がどのような措置を取りうるのかなどについては、今後の課題として残されている。現時点では、そのような問題を孕んでいることを研究者が認識し、とりうる最善の手続きで研究に望むことである。

　なお、大学や公的な相談センターなどの各機関においても、研究に関するガイドラインの整備が始まっている。成文化されていなくとも、慣習的に研究のルールを定めている場合もあろう。研究を行うにあたっては、それらのルールを守ることが絶対に必要である。

　それは社会的な問題が起きたときに誰が責任を負うのかということにも関わるからである。当然直接の責任は研究の主体となる研究者本人が負うことになるが、研究者が所属する機関において行う研究であれば、その機関の責任者の監督責任が問われることになろうし、大学院生などの場合には指導する教員の責任も免れないからである。

　それらの点に配慮して、機関によっては研究計画書を提出させ、その内容について審査する場合もある。研究者にとっては煩雑に感じられる部分もあろうが、臨床の社会的責任を考えれば、決められた手順を踏んでいくことがぜひ

必要である。

§3 ケース研究

　臨床の場面から得られたデータを用いて行われる研究として，ここではケース研究と，検査の結果や行動観察の記録などを用いた統計的研究について考察する。問題を抱える人びとやその家族を対象とした調査や実験などの研究も考えられるが，それらを行うにあたっての倫理的な問題については，本書のそれぞれ関係する部分に譲ることとする。もちろん，上に述べたプライバシーの保護と研究者の責任について，深く考慮されなければならないことは言うまでもない。

　ケース研究のデータとして含まれうるものはすべて高度に私的なものばかりである。直接的な問題に関しての主訴，経過をはじめ，生育暦，既往歴，問題行動の有無など，保護者などから得られた情報や，臨床場面における行動観察の記録，知能検査をはじめとする各種検査の結果など，どれも本人の生きてきた歴史そのものといってよいものばかりである。また家族歴として記載されたデータを通して，プライバシーの範囲は家族にまで及ぶ。親子関係やきょうだい関係も重要な情報として聞く場合が多い。

　ケース研究としてまとめていく場合には，これらの情報のうち，何が研究に必要な情報であるかの吟味が必要であ

る。すなわち，ケースを通して考察しようとしている問題を考える上で，必要最小限の情報に絞り込んでいくことがまず大切である。その上で，それらの情報が特定の個人の情報であることを第三者にさとられないようにすることが重要である。そのためには名前を伏せるのはもちろんのこと，その人と特定されるような情報が含まれていないか常に気を配ることが必要である。

§4 統計的研究

臨床の実証的な研究の発展にとって，研究者個人や研究機関などで保管されている記録を整理し，統計的な処理を施すことで見出される知見も，不可欠である。

統計的な研究のもとになるデータが記載されているのは，カルテなどの，各機関が保管するケースの記録である。ただし，ここでは，記録をもとに，特定の特徴を有するケースの数を数えたり，検査結果として記録された，例えば，知能検査の得点を数値的に処理したりすることがなされる。このような場合には過去に蓄積されたデータに遡って調査されることが多く，したがって，その時点から遡って研究に対する同意を得ることは，必ずしも容易ではない場合も考えられる。もちろん，できる場合にはそうするに越したことはないが，個別のケースに深く立ち入ることがなければ，必ずしも同意書を得るなどの手続きを経なくとも許さ

れるのではなかろうか。当然，過去のケースであっても詳細に立ち入ることがあるとすれば，新たに始めるケース研究と同様，その協力者に同意を得るようにしなければならない。

　当然ながら，このような研究においては，対象となるすべてのケースを研究者自身が担当していることは稀であろうから，おのおののケースの担当者に研究の資料として提供してもらうことを承認してもらう必要がある。研究機関などが保管するカルテ等であればその機関の許可を得ることが必須である。ここでも当該機関のルールを守ることが必要となる。

　また，このような研究の場合，直接ケースにふれることが少ないだけに，数値が一人歩きしてしまう可能性がある。研究結果が実際の担当者にも納得のいく結果であるかどうか，その知見の質的な高度さが要求されることになる。

§5　使用した資料の管理と研究発表の報告

　研究の途上で，必要に応じてもとの資料を借り出したり，コピーしたりしていることがあろう。そのような場合には，プライバシーの保護の観点から，研究の終了とともに，すみやかに管理者に返納するか，許可を得て破棄しなければならない。最近はデータを電子ファイルに保存している場合も多いと思われるし，そもそも研究機関において資料の

データベース化が進められている場合もある。このような場合にはコピーすることが非常に簡単であり、オンライン化されたコンピュータにコピーした場合には、外部の人の目にふれたり、流出したりする恐れさえある。データの管理に不備のないように、十分に心掛けなければならない。

最後に、研究成果を学会などで発表した場合には、協力者および関係者・機関にその旨報告することも怠ってはならない。協力者からはその内容について説明が求められることも多いと思われるが、そのときは十分な説明を心掛けるべきである。

臨床場面での研究者と協力者の関係は、長く続くものである。以上のいずれも、研究者と協力者との信頼関係を築き、維持していくのに欠かせない事柄であると思われる。

第8章

文献レビュー法を使う

§1 はじめに

　第1章から第5章までにとりあげた研究方法とは別に，文献レビューという方法があるのは周知のことである。この方法が他の方法と違うところは，データとなるものが，先行研究という文献であるところで，その文献を著した著者，すなわち研究者に対する倫理的配慮が必要になることである。こういった研究者同士の倫理的責任については，常識や慣例の範囲で処理されることが多いが，研究者と研究協力者との関係と同様に，研究者倫理の重要な課題でもある。といっても，文献レビュー法で，研究協力者との関係が問題にならないというわけではなく，文献で取り扱っているデータの作成に寄与した研究協力者とレビュー論文執筆者とは間接的に関わり，そこでも倫理的問題が発生し

うる。以下では，こういった課題に焦点を当てて，文献レビュー研究で注意する倫理的問題を考えていきたい。

§2 文献レビュー法で何を知ろうとしているか

　展望論文，レビュー論文などといわれる，いわゆる文献研究では，単に多くの公表された研究を紹介することが目指されるのではない。基本的には，理論に基づく問題を立て，仮説を検証するために，文献という「データ」を収集し，結果を導き，考察し，結論づけるなど，論文に必要な構成内容は，ほかの研究法と変わりがない。しかし，特に次の点が，文献レビュー研究の重要な点だといえる。

　第1に，その分野の研究の流れにおいて新しく，重要なテーマを問題とする。
　第2に，文献データとして，国内外の先行研究を必要十分な範囲で参照し，十分に比較検討する。
　第3に，著者の独自性のある観点から，データとしての先行研究を総合的，統合的に概観し，新しい解釈や意味づけを提唱する。

　このような文献レビュー研究は，その分野の研究の流れに，実証的，あるいは概念的，理論的に新たな展開を起こし，後続する新しい研究を多くもたらすような推進力を持

つことが望ましい。それは，文献レビュー法で知ろうとしていることが，発達研究が本来研究対象とする，子どものさまざまな問題自体に加え，それを発達研究者がどうとらえているのかといった，研究活動自体を反省的に吟味する問題に，特に焦点化していることに起因するといえよう。そういった点からも，文献レビュー研究では，発達研究の対象となるデータを提供してくれる，子どもや研究協力者に対する倫理的責任だけではなく，先行研究を提供してくれる研究者に対する倫理的責任をも，十分に考慮する必要が出てくる。

このような研究者同士に関わる倫理上の問題には，

① データの改ざんや捏造に関わること，
② データや文章の剽窃（ひょうせつ）に関わること，

などの重要な問題がある。そのどちらもが，文献レビュー研究において考慮しなければならない問題であるだけではなく，ほかの研究法による研究の成果の公表おいても問題になる。ほかの研究法では，子どもや研究協力者に対する倫理問題に焦点化しているため，質問紙やコンピュータ・ソフトの利用などでわずかに言及した以外は，研究者同士の倫理問題にはあまり触れていない。

以下に紹介する，文献レビュー研究の倫理問題では，研究者同士の倫理問題をより多く考察することになる。しかし，それは，そういった問題の考察と解決の指針が心理学研究者の世界だけに寄与することを意味するのではない。

むしろ心理学研究としての文献レビュー研究が，心理学という枠を越えて，他の学問領域や，より広い日常の社会的文脈のなかで信頼され，承認されるために，心理学研究者同士の倫理問題を考慮する必要があるのだといえよう。そういった意味では，研究協力者との関係での倫理問題においても，心理学という枠を越えた社会的文脈のなかで十分に考慮する必要があったことと同じといえる。

§3 文献レビューの準備段階で気をつけること

3-1 文献検索および文献収集の範囲

文献レビュー研究では，他の研究でも行われることだが，「データ」としての文献検索と収集が基本である。

文献検索では，実際にジャーナルや単行本で研究論文に当たるほか，研究のアブストラクトを集めた内外の検索文献やデータベースを利用することも便利である。これらの手段で公表された論文にアクセスできるが，さらに修士論文や博士論文などの公表前の研究なども対象になりうる。

また最近では，卒業論文を書く場合でも書き手がインターネット上の資料を利用することが増えてきた。そのような電子メディアによる資料の収集の場合にも，新聞記事，テレビ番組などの場合と同じく，著者に加えて出所（日時，掲載母体など）を明記する必要がある。

文献収集の範囲は，国内ばかりでなく国外も含み，日本

語だけではなく外国語の文献に当たる必要がある。また，時期的には，過去の研究にさかのぼって収集するが，その時期や範囲に関しては，各研究テーマに依存した重要な期間があるので，それを基準とする。それに対して，過去と反対の極については，現在の最新の情報を収集すべきであることは，各テーマに共通していえることである。

　また，テーマによっては，文献収集範囲を隣接諸科学の分野にまで広げることも必要になる。

3-2　文献のコピーに関わる問題

　文献検索，収集の段階で，複写に関わる著作権侵害の観点から，論文や単行本のコピーには注意を払う必要がある。文献レビュー論文の作成過程のみで考えると，文献の複写は，論文執筆者による個人的使用が目的になるので，著作権上の問題は起こらないように思われる。しかし，後に公となる可能性のある論文の執筆者が，研究者という職業上の個人か，私人としての個人かといった，「個人的」という概念の捉え方の問題がある。また，国外の出版物を複写する場合には，著作権法の国際的協定を考慮する必要もある。そこで，複写文献を海外の雑誌に投稿する論文へ引用することも射程に入れて考えた場合，出版物の複写許諾に関しての知識を得ておくことがいっそう大切だと思われる。

　著作権法では，「著作者は，その著作物を複製する権利を専有する」（第21条）ので，著作者以外は複写すること

ができない。しかし他方で「著作権者は,他人に対し,その著作物の利用を許諾することができる」(第63条)という条項があるため,利用の許諾を受ければ,著作者以外でも複写可能である。そこで,複写の許諾を得るにはどうするか,が問題となる。

その一方で,著作権者の許諾を得なくても複写できる場合が規定されている。例えば,個人的に又は家庭内など限られた範囲内における私的使用(第30条),政令で認可された図書館等による一定の条件のもとでの利用者へのコピーの提供(第31条),学校その他の教育機関における一定の条件のもとでの授業目的の利用(第35条)がある。これらの制限を越える場合は,許諾を得ることが必要になる。

私的使用の範囲や,図書館の本の複写範囲の量の条件など,曖昧な点もあるが,要するに複写によって著作権者の利益を不当に侵さないことが許諾を得なくてもよい条件である。互いに著作権者になる可能性を考えて,公正な判断をしたいものである。

なお日本複写権センターが,著作権者から複写に関わる権利の委託を受け,出版物の利用者による複写利用の許諾を管理している。また,各国の複写に関する処理機構との協定締結も進行中であり,将来的には,海外出版物の複写についても,許諾の手続きが必要になるものと予想される。

平成12年3月末時点で,複写権をセンターに委託している心理学関連諸学会には,日本心理学会,日本家族心理

学会,日本応用心理学会,日本グループ・ダイナミックス学会,日本社会心理学会,日本実験動物学会,日本霊長類学会がある。

委託手続きをしている出版物には,無断複写を禁止し,複写の許諾手続きを要請する文言が出版物に明記されている。

しかし著作権自体は,センターへの複写権の委託に関係なく,著作物の創作と同時に発生しているので,無断複写禁止文言の有無によらず,出版物一般の複写に際しては,上述の著作権の制限の条項等に当たる場合を除いて,許諾を得ることが求められている。

3-3 誠実な文献参照

収集した文献を利用して,文献レビュー研究の目標である,著者の新たな主張がなされる。その目標の達成および,収集した文献の正当な利用のために,次の点を考慮する必要がある。これらは,第1に,先行文献の著者に対する倫理的責任を欠かないためである。また,第2に,安易な文献利用によって,文献レビュー論文自体の質を低下させないためにも,必要なことである。

(1) アブストラクトだけでなく内容を読む

文献の理解には,文献を熟読する必要がある。他の文献に紹介されていた内容だけで理解するといった,孫引きと言われる利用や,論文の要約部分だけを読んで理解するの

では，十分な理解はできず，結局レビュー自体が不完全になる可能性がある。学会発表論文などで，アブストラクトしか参照できない場合は，引用・参考文献欄でそのことを明示する。

(2) 自分に都合の良い選択的参照をせず，正確で正当な要約，評価をする

文献に賛同するにしろ，批判するにしろ，自らの意見にとって都合の良い部分だけを文献の中から不当に抜き出すような参照のしかたは，先行文献の公正な利用にならないという，倫理的問題をはらむだけではなく，ひいては，レビュー論文で提出しようとする自己の新たな見解に対する，正当な評価を放棄することにも結びつく。

先行研究の文献を参照するときに，事実を確認する必要性や疑問な点があれば，著者に直接情報提供を求める問合せなども行った上で，先行研究の適切な評価を行いたい。また，先行研究の適切な評価には，当該先行研究の最新バージョンを参照する必要がある。単一の論文の中からだけでなく，複数の著者の先行研究の中から，または同一著者の一連の先行研究の中からの選択的参照は，選択したことの妥当な理由付けが明示されないかぎり，不完全な文献検索の結果と見なされる。逆に言えば，正当な選択的参照は，基礎に十分な文献検索があってはじめて可能になるものといえる。

(3) 自分と他者の意見を明確に区別する

他者の発話に含まれた口頭での情報や，インターネットでの会話や記述の内容，研究会などの発表内容とレジュメなどは，公表された論文や著作物のように，無断複写禁止文言など文書化された著作権の記述はない。しかし，このような他者のアイディアは，無形ではあっても，他人が知ることができるように外部に表現された時点で，すでに他者の知的所有物と見なす方が妥当であろう。

　誰がその情報を提供してくれたかという出所の情報は，文献レビューの情報収集をする著者本人には了解されているのが普通なので，それを明記し，口頭などの場合は「パーソナル・コミュニケーション」とする。あるいは，よほど論文作成上重要な情報でなければ使用しない方がよいとも言える。使用する場合には，どのように引用すべきかを情報提供者に問い合わせ，論文にどのようなかたちで明記するかを相談することが誠実な対応といえる。このような手続きは，情報の伝播による出所情報の取違えといった誤りを避けることにも寄与するであろう。

　論文の準備段階から自他の意見を峻別し，そういった観点から，情報の扱いに注意深く対応することは，情報収集の過程で，他者の見解が魅力的であればあるほど，ともすれば自己の意見が他者の意見に無自覚的に同一化してしまうといった，他者の知的所有物の剽窃ともなりかねない過ちをさけるためにも，私たち研究者に必要な態度といえよう。それはまた，自己の提唱しようとする意見や主張の内

容を，より明確にし，よりオリジナルなものへと高めていくためにも，役立つはずである。

§4 文献レビューの論文作成段階で気をつけること

アメリカ心理学会の論文出版マニュアル（*Publication Manual of the American psychological Association,* 1994.）では，引用の方法が詳しく解説されている（p.95-99）。しかし，発達心理学会のみならず，日本の多くの学問分野においても，引用文献の書式方法が定められている以外には，学術論文の引用方法については，慣習的な良識に依存しているといってよいと思う。ここでは，常識の中で見過ごされがちな点をあげながら，引用と倫理的問題との関係を考えていく。

4-1 他者の著作からの引用の書式

直接的引用の場合は，論文の著者のことばや文をそのまま引用するので，

① 正確に転写し，
② 転写することばや文章を，引用を示す記号（「　」など）の中に入れ，
③ その出典を明記する。

また，論文の内容を要約したり，文献レビューをする著者の文章に直して表現する間接的引用の場合は，内容を改

ざんしないのは当然だが，引用論文の著作者の見解が正確に伝わるようにし，かつその内容がレビュー論文の著者の見解ではなく，他者の著作の参照によったものであることがわかるように文章を構成し，加えて，出典を明記する必要がある。

自己の著作物からの引用の場合も，同様の記述方法が，読者の理解に役立つだろう。

4-2 引用における著作権への配慮

著作物から引用するときには，引用に関わるさまざまな制約を理解しておくことが大切である。それには，著作権について理解することが先決だといえる。

日本や多くの国の法制では，著作権は，文化的創作が行われた時点で，権利を得る手続きを必要とせず，自動的に著作者の権利として発生し，著作者の年齢や創作物の質や価値は不問である。さらに，この権利は，原則として，発生から著作者の死後50年間までが保護期間となっている。

また，文化的創作の結果としての著作物とは，資料そのものや，表現されないアイディアだけの段階のもの，他者の模倣などではなく，オリジナルな「思想又は感情を創作的に表現したもの」（第2条），と定義されている。

日本の法制では，文化庁が著作権制度を所轄し，1970年に制定された現行著作権法は，「著作者人格権」および「著作権」についての規定によって構成されている。

第1に,「著作者人格権」は,著作または創作をした人を保護する目的で作られた権利である。公表権（第18条），氏名表示権（第19条），同一性保持権（第20条）の3種類がある。ここで，引用に関わる重要な権利は，同一性保持権である。これは，著作物の内容や題を，著作者の意に反して，改変されない権利である。したがって，引用者は，引用に際して，改変にならないように十分な注意をする配慮が求められる。

　第2に,「著作権」は,著作物の公正な利用,流通を目的として,著作物を複製することに関する権利を著作者に与え,利用する人が許諾を得る必要を11の条項によって制度化したものである。

　このように著作権制度では,著作者の利益を守ることだけではなく,著作物という知的創造物の共有を促し,文化の発展へ寄与することが重要な目的である。そこで,著作者の利益を不当に害さないという条件,および著作者人格権の保護のもとで,著作権に一定の制限が設けられている。18の条項からなる制限の一部は,前述した私的使用のための複写,認可図書館による複写,教育機関での教育目的の複写である。さらに,他にもいくつかの重要な著作権の制限があるが,ここでは,引用について簡単に解説する。

　「公表された著作物は,引用して利用することができる。この場合において,その引用は,公正な慣行に合致するものであり,かつ,報道,批評,研究その他の引用

の目的上正当な範囲内で行なわれるものでなければならない。」（第32条）
とあるように，他者の著作物の引用を許可するこの規定は，公正な慣習に合致し，引用の目的上，正当な範囲内で，自分の著作物に他者の著作物を引用して利用できることを謳っている。ただし，現在までの重要な判例によって，次の4条件が満たされる必要があると考えられている。

 1．引用の必然性があること，
 2．自分の著作部分と引用部分が引用符などで明確に区別されていること，
 3．自分の著作物と引用する著作物との間に，自分の著作物が主で，引用部分が従となるような，主従関係が明確に示されていること，
 4．引用する著作物の出所を明示すること（第48条），
 に留意しなければならない。

さらに，学校教科書への掲載の場合は，著作者への通知と，著作権者への一定の補償金の支払いが必要とされている（第33条）。

文献レビュー論文の作成目的を考えれば，上記の1．から4．を守るのは当然なことである。それに加えて，先に「(3)自分と他者の意見を明確に区別する」の項目で述べたように，他者の知的創造物に多くを負い，自らの新しい創造を付加しようとする性格の強い文献レビュー研究では，他者の著作物における図表などの引用のみならず，口頭で

の発表，あるいは公表前の論文なども含めた，他者の先行文献の文章の引用に際しては，自己の未発表研究の保護と両立する範囲での許諾を受けることを慣例としたいものである。

電子メディアも含む情報の増大に伴い，知的所有権について問題となることが多くなってきている今日では，著者としての研究者は，著作物の複写，引用についての倫理に関する問題発生の回避にますます注意する必要があるようだ。そのためには，倫理規定やガイドラインを作れば事足りるわけではない。まして，個人の知的所有権をむやみに強化することも文化的流通を阻害するものとなる。むしろ各自が，自分を含めた，思考し，創造し，著作する者の人格を尊重し，有形，無形によらず，その知的創造物をどのような面からも損なうことなく保護するという精神を培う必要がある。

§5 文献レビューの終了後に気をつけること

以上に書いたように，文献レビュー研究が適正に実施されたあと，レビュー論文として公表されたならば，あとは，次の二つのことに注意する必要がある。一つ目は，レビューで引用した先行論文の著作者に，必要に応じて抜刷りを送るといった，慣例的なことであり，二つ目は，公表後の読者からの問合せに答えるといった，これも常識の範囲で

のことである。二つ目の問題には，読者からの反論や意見の他に，手に入れにくい，引用・参考文献の貸借や複写依頼などが来る可能性もある。これに際しては，やはり，常識の範囲で許諾の回答をし，特に，無断複写の問題には，この段階でも十分に注意する必要がある。

第9章

データベースを使う

幼児言語データ共有システムに即して

　この章は，これからますます盛んになることが予想される研究用データベースを研究者間で利用する場合を想定して設けたものである。これまでも，特定の研究によって収録されたビデオ画像を複数の共同研究者がそれぞれの視点で分析したり，ある研究者が収集した調査資料を他の研究者が許諾を得て，自分の研究資料の一部として利用するという例が見られているが，その相互活用については，そのことに関わる研究者が相互に話し合い，事前に利用について制限や了解事項を作って，進めているのが現状といえる。

　しかし，研究者同士が知己であるという範囲を超えて，関心のある研究者ならば，国の内外を問わず，誰でも参加できるような研究資料の共有がシステム化されるならば，研究資料共有の途が飛躍的にひらけていくであろう。

　それでは，先駆的なデータベース共有システムの一例である幼児言語データベース共有システム（CHILDES）の

場合を紹介する。

§1　はじめに

　自然な会話場面における子どもの自発的な発話に基づいて，その発達過程をたどっていく言語発達研究は，データ収集とその文字化に厖大な時間がかかるため，従来，一人とか二人というような少数のケースに基づく研究しかできなかった。この限界を打開したのが，コンピュータを利用した国際的な幼児言語データ共有システム＝CHILDES (Child Language Data Exchange System) プロジェクトである。このプロジェクトは，
　① 世界中の研究者がこつこつと収集したデータをコンピュータ化しお互いに共有できるような国際的な言語データ共有システムをつくる，
　② 言語データをコンピュータに共通の方式で入力するためのフォーマットを開発する，
　③ コンピュータ化した言語データを自動的に分析するプログラムを開発する，
という三つの目標をかかげて，1984年に始められた。以来，年々CHILDESに提供されるデータは，増大し，分析プログラムも研究者のニーズにあわせて続々と開発され，欧米の言語発達研究の中心的役割を果たしている。また，CHILDESは，いわゆる言語発達研究者だけでなく，社会

言語学，失語症や言語障害，外国語学習などの研究者の間でも広く利用されている。

　　＊　CHILDES は，米国のカーネギー大学に本部がある。データベースをはじめとする CHILDES 関係の資料は，すべて CHILDES のサーバー (http://childes.psy.cmu.edu) におさめられており，CHILDES の会員であれば，インターネットで自由に閲覧，および，ダウンロードができる。中京大学にある JCHAT プロジェクトのサーバーに，CHILDES のミラーサイトがあるので，JCHAT/CHILDES の会員であれば，CHILDES の資料も，JCHAT サーバー (http://jchat.sccs.chukyo-u.ac.jp) から，閲覧，ダウンロードすることができる。CHILDES の会員になるためには，CHILDES のディレクターである MacWhinney 博士 (macw@cmu.edu) に，氏名，住所，メール・アドレス，電話番号，および，データの利用目的などについて簡単に説明したメールを出せばよい。JCHAT への入会は，JCHAT サーバー上 (http://jchat.sccs.chukyo-u.ac.jp/JCHAT/enquet2.html) で，手続きができるようになっている。

　日本語についても，1993 年に JCHAT プロジェクトが組織され，日本語のためのフォーマット (JCHAT) や解析ツールの開発がすすめられ，我が国でも，CHILDES の利用者が急速に増えている。データの共有により，言語発達研究が科学的な研究として飛躍的な発展をとげることが可能になったが，その一方，データの国際的共有というこ

とで，協力者のプライバシー，データを作成した研究者への配慮，データ共有を促進する者への配慮など，従来の研究形態とは異なる倫理上の問題もでてきた。データの共有は，観察されることを了承した協力者，データを収集してコンピュータ化した研究者，データの共有を可能にするシステムの開発とそのサポートをしている者，その3者の協力がなければ，実現できないからである。データベースを利用して研究を進める場合は，データの利用を可能にしてくれたこれらの人たちが費やした時間と労力を十分理解する必要がある。

CHILDESでは，データを提供するときの留意点，データを利用するときの留意点として，協力者，データを提供した研究者，データ共有システムをサポートする者への配慮を考慮したガイドラインを設けている。

§2　データを提供するときの留意点

データをCHILDESに提供する場合，研究者は，協力者にそのことについてあらかじめ了承を受けなければいけない。データを集めるときに，協力者に記入してもらうコンセント・フォームに，そのことを，含めておくのが望ましい。CHILDESにデータを提供する場合，協力者の匿名性をどう保障するかということと，どこまで公開するかと

いうことが問題になる。

2-1 匿 名 性

近年は，テキスト化されたデータ・フォーマットだけでなく，テキスト・ファイルに音声や，画像をリンクしたデータの作成が可能になったため，協力者の匿名性をどのように確保するかが重要な問題として，CHILDES でも討議されている。音声や画像を含まないテキスト・ファイルの場合は，CHILDES では，観察される人物の匿名性を尊重するため偽名（pseudonyms）を使用するという方法がとられている。

自分の子どもの場合は，本名を使用する場合が多いが，その他の場合は登場する人物，あるいは，その保護者が本名を使うことに同意しないかぎり，本名を偽名に置き換えなければならない。音声を含むファイルの場合は，名前の部分を何らかの形で，聞こえないようにするとか，音声を変えるとか，画像を含む場合は，登場する人物の顔の部分にボカシを入れるというような方法が提案されている。

その結果，データの研究への利用価値が大幅に軽減されるという問題がおきることもいなめない。たとえば，登場人物の顔の部分がぼけた画面データでは，発話に伴う注視行動の研究や，手話の研究には，利用できない。そこで，音声や画像を含むデータについては，CHILDES として，どういう方法をとるべきか，まだ，結論がでていない。現

段階では，それぞれの協力者が了承する範囲で，匿名性を確保する方法をとるのがよいと思われる。

2-2 公開のレベル

インターネットが普及し，CHILDESのデータベースも，インターネットで，世界中の誰でも簡単に閲覧，ダウンロードできるようになった。また，コンピュータ化されたデータは，簡単にコピーをつくることができる。これは，データを分析する研究者にとっては，大きな利点であるが，その一方，データに登場する協力者やデータを作成した研究者の関知しないところで，データがコピーされ，使われるという問題も生じることになった。特に，音声や画像を含むデータの場合，協力者のプライバシーに関わるので，十分注意が必要である。したがって，協力者の匿名性だけでなく，データの公開のレベルについても，協力者から了承を受ける必要がある。

公開のレベルとしては，以下の八つのレベルが提案されているが，果たして，このように細かいレベルにわけるのが適当か，また，それぞれのレベルに対してどのような技術サポートができるかなど，討議されているだけで，CHILDESとしてのガイドラインはまだない。いずれにせよ，実際に協力者に了承を受けるときは，研究者が，研究の目的にしたがって，適切と思われるレベルを選ぶなり，組み合わせるなりして，協力者が回答しやすいように工夫

する必要がある。

レベル1： 完全公開。インターネット上で見たり，聞いたりすることが可能。コピーも可能。

レベル2： インターネット上で見たり，聞いたりすることは，可能だが，コピーは不可。

レベル3： 他に公開しないという契約書に署名した研究者だけに公開。この契約書には，協力者の個人名を使わないというような条件を含めてもよい。分析のためにデータをコピーしたり，ダウンロードしてもよいが，一定期間がすぎたら，使用したデータをすべて消滅しなければいけない。

レベル4： 他に公開しないという契約書に署名した研究者だけに公開。データのコピーやダウンロードは，不可。

レベル5： データを収集した研究者が，特定の研究者だけにインターネット上で見たり，聞いたりするのを許可する。

レベル6： データを収集した研究者がオンラインで監督する中で，コントロールされた条件下で，見たり聞いたりすることが可能。

レベル7： データを収集した研究者が直接対面して監督する中で，コントロールされた条件下で，

見たり聞いたりすることが可能。

レベル8：　データを収集した研究者だけが使用可能。

2-3　データ情報ファイル

　CHILDESにデータを提供するときにデータ情報ファイルを付加する。このファイルは，慣例的に"00 readme.cdc"と呼ばれ，データに関するさまざまな情報を利用者向けに記述した，いわば，データ作成者からデータ利用者へのメッセージである。データベースの利用者がデータを適切に解釈し，利用するために必要な情報を含めるわけであるが，ここに，匿名性や公開のレベルなどデータの利用制限も記述する。

　データ情報ファイルに記述する内容に制限はなく，データ作成者が必要と思われることは何を書いてもよいが，少なくとも以下に挙げる事項は，最少限必要な項目とされている。具体例については，現在CHILDESから供給されている各コーパス*についてくる00 readme.cdcや，CHILDESのマニュアルのデータベース編を参照されたい。

　　*　コーパスとは複数の発話データの集合を言う。縦断データでは異なる日時に収集された複数の発話データの集合を呼び，横断データでは異なる年齢の発話データの集合を呼ぶ。

(1)　謝　　辞

　CHILDESのデータベースにおさめられているデータは，

普通，研究者が自分の研究のために集めて分析したものを，その成果を発表してから，他の研究者が利用できるように CHILDES に提供したものである。データを提供した研究者の貢献を記してもらうために，データ利用者に特定の文献を引用することを義務付けることができる。

(2) 利用制限

データ作成者は，自分のデータの利用に関する制限を加えることができる。データの公開のレベルを指定したり，当該のデータを利用して論文が作成された場合，利用者に論文のコピーを送るように指定してもよい。

(3) 使用上の注意

データの利用に際して，利用者に注意してもらいたいことがあれば，記述する。例えば，データ作成において子どもの発音の誤りを正確に記述するように配慮されなかった場合，それを記述し，利用者の注意を喚起する。

(4) 匿名に関する情報

コーパスに登場する人物の匿名性を尊重するため偽名が使われているかどうかを明記する。匿名性の確保に，その他どういう方法がとられているか明記する。

(5) 経緯

研究プロジェクトの経緯について，詳しい情報を含める。たとえば，プロジェクトに対する助成機関，研究の目的，資料収集法，標本抽出のしかた，どのようにデータを入力したのか，データ入力者は熟練者かどうか，入力データは

どの程度チェックを受けているか，なんらかのコード化をしているのか，また，しているとしたらどういうコードか，などの情報を含める。

(6) 記 号 類

研究で使われたコードや，記号などの説明をする。

(7) 個人情報に関するデータ

研究対象になっている協力者についての情報を記述する。詳細な人口統計学的，方言学的，心理測定学的なデータがあれば，ここに記述するとよい。具体的には，年齢，性別，兄弟，学歴，社会階級，職業，以前に住んでいた地域，宗教，趣味，友人などについて記述があるとよい。親が育った場所，家族が前にどこに住んでいたかなどの情報は，言語変化，地域的特質，方言などに関する社会言語学的な研究に役に立つので，貴重である。しかし，どの程度の個人情報を含めてよいか，あらかじめ，協力者の了承を得ておく必要がある。

(8) 内 容 一 覧

データファイルの簡単な索引を，ここに掲載する。形式に制限はないが，データの日付と子どもの年齢を一覧形式でのせることが多い。子どもの平均発話数のような情報が分かれば，併せて掲載するとよい。これらの情報は，データが特定の研究にどの程度有効なのかについて，データ利用者が判断する際に非常に役にたつ。

(9) 場面描写

データが収集された場面を記述する。協力者の自宅でデータが収集された場合は，家の構造や部屋の間取りなどの一般的な状況設定を記述する。コーパス全体を通して変わらない情報をここに記述し，ファイルによって変わる場面情報などは，各ファイルにそれぞれ記述する。

§3 データを利用するときの留意点

データベースを利用して研究を進める場合は，データの利用を可能にしてくれた人たちが費やした時間と労力を理解し，十分な配慮をする必要がある。CHILDESのデータベースを利用するためには，CHILDESの会員になり，以下のようなルールをまもらなければいけない。日本語のデータベースや，ツールを利用する場合は，さらに，JCHATの会員になる必要がある。

① データを正しく利用するために，CHILDESのデータベースの利用の仕方，各コーパスのデータ情報ファイルの内容，データの入力方式，分析プログラムなどについて，詳しく解説されているマニュアルを読む。
② 利用するコーパスのデータ情報ファイルに書かれてある利用制限をまもる。特に，データに登場する協力者のプライバシーや，公開のレベルに関する制限には，

十分な配慮が必要である。
③ 特定のコーパスを利用して論文を書く場合，コーパスの提供者が指定している論文と，CHILDES のマニュアル，MacWhinney, B. (1999), *The CHILDES Project: Tools for Analyzing Talk*, 3 rd edition, Lawrence Erlbaum Associates を引用する。日本語のコーパスを利用した場合は，さらに，Oshima-Takane, Y., B. MacWhinney, H. Shirai, S. Miyata, and N. Naka, (1998), *CHILDES Manual for Japanese*, 2 nd edition, McGill University / Chukyo University を引用する。
④ データを利用した研究の成果を論文にまとめて出版する場合，データの提供者に論文のドラフトや刊行前のプリントを送る。
⑤ データベース利用者は，CHILDES のデータベースを充実するために，何らかのサポートが期待されている。特に，データを収集する予定の研究者には，CHILDES が技術指導など，さまざまなサポートをするかわりに，義務ではないが，将来的には，データを CHILDES に提供することが期待されている。

CHILDES のデータベースの構築には米国の複数の助成機関のサポートを受けている。このサポートがあるために，会員が無料で，データベースを含むさまざまなツールを利

用できるわけである。この財政的なサポートを継続して受けるためには，CHILDES のツールが，生産的に利用されていることを示していかなければならない。CHILDES のツールを使ってデータベースを作成したり，分析する場合，また，データベースを利用して研究する場合は，必ず，刊行された論文の詳しい情報を CHILDES のディレクターである MacWhinney 博士にメールなどで送ってほしい。刊行された論文が，英語であれば，論文も送付するとよい。

第10章 論文の執筆・公表にあたって

§1 はじめに

アメリカ心理学会（APA）の倫理綱領（Ethical Principles of Psychologists and Code of Conduct, 1992）には，研究成果の報告に関する基準として，その骨子をまとめると次のようなことがあげられている（*Publication Manual of the American Psychological Association*, 1994）。

- 結果の報告に際して改ざんや捏造，誤った報告をしない。誤りは修正する。(standards 6.21)
- 他者の研究の剽窃をしない。たとえ出典が明記してあっても，多量の引用はしない。(standards 6.22)
- 自分が実際に寄与した研究だけに，論文の著者としての責任と所有権（credit）を担う。(standards 6.23)

- 職務上の地位は著者としての所有権を正当化しない。研究への寄与が少ない場合は謝辞で名前を明記する。(standards 6.23)
- 学生の学位論文に基づく論文の場合は，学生を第一著者にする。(standards 6.23)
- 既公刊データを，承諾なしで，新たなデータとして公刊してはいけない。(standards 6.24)
- 研究協力者の非公開やデータ所有権の問題がなければ，検証のためにデータを再分析したいという申し出には，データを公開する。(standards 6.25)
- 投稿論文を審査する研究者は，投稿者や論文の非公開，および所有権を尊重する。(standards 6.26)

このように，正しい結果の公表，剽窃の禁止，論文の著者の決定，既刊データの再公刊の禁止，データの公開，研究者による論文審査の倫理など，研究論文の執筆・公表に伴う研究者倫理には，さまざまな観点からの問題があることが分かる。日本では，既公刊データの再公刊の禁止などをのぞいては，明文化された規則に基づくのではなく，慣例の範囲で判断され，実践されていると言ってよいだろう。以下に，日本の心理学分野での論文公刊に伴う，研究者倫理について考えていきたい。

§2 著者とは誰か？

この原稿を書いている最中に，分野は異なるが，ある大学の教授が，院生の修士論文を学内の論文集に自分の名前で公表したため，大学から解雇され，それに対して解雇の無効を確認する訴訟を起こしたという報道があった。教授側は，不注意を認めながらも，論文は共同研究で，掲載は院生の了解を得ているとしている。

このような問題は，アメリカ心理学会の倫理綱領のように，学生を第一著者にすれば解決すると思われるかも知れない。しかし，真相はそれほど単純ではないだろう。指導する側とされる側の長期にわたる相互作用の過程で，相互の意見が論文に反映するのは当然のことだと思われる。そのような論文であるからこそ，公表の時点で，共同執筆にするか，どちらかの単独の執筆にするか，共同執筆ならば著者の順序をどうするかなどを，当事者の協議，了解の上で決定する手続きが重要になる。

その協議，了解に際して，社会的立場，役割による圧力によって，不平等が起こるとすれば，それは研究者倫理に反すると考えられる。著作権の解説（第8章を参照のこと）で述べたように，論文の著者は，著者として尊重され，その著作物の保護を受けるに値するような，知的創造を行った人である。教師と指導される学生の間で，どちらがどれ

だけの独創的な寄与，創造を，研究に対して行ってきたかについては，当事者のみが了解していると言っても過言ではないだろう。だとすれば，明文化された倫理規定の有無によらず，知的創造への寄与の判断は，当事者が行わざるをえない。そのような判断が，当事者の力関係や利害などではなく，対等で正当な了解の上で行われる必要がある。そして，その実践において責任を負うのが，研究者としての出発点に立ったばかりの学生ではなく，より多くの経験を積んだ，指導する側の研究者であるのは当然である。指導する研究者は，研究内容だけではなく，知的創造への当事者の寄与に関する判断についても，正しく指導することが大切になる。

　しかし，不幸にも当事者に判断のずれが生じた場合，それが研究の搾取，転用なのか，知的創造への寄与の差の誤った認知なのかについて，単に外部から分かりにくいだけではなく，当事者においても判断がつかないといった，困ったことが起こる可能性もある。研究者は，このような曖昧な判断に陥ることを避けるために，指導のはじめから，自分を含めた当事者が，十分な自覚をもって研究指導上のやり取りができるよう配慮する必要があるだろう。

　共同研究が学生と教師ではなく，経験を積んだ研究者同士で行われる場合でも，論文執筆における著者の決定の問題には，十分な協議，了解を経る必要がある。研究の過程では，仮説などの理論的，概念的作業や，それに基づくデ

ータの収集,結果の整理,論文執筆などさまざまな作業があり,研究への参加者はそれぞれに寄与の度合いが異なるだろう。このさまざまな作業の重みも,実験研究か,長期縦断研究かなどの違いによって,研究ごとに変わってくる可能性があり,共同研究への参加者の寄与の判断は,まさにケースバイケースである。しかし,どのような場合でも,参加者の合意のもとでの判断を最重視することで,研究への各自の寄与を正当に活かすことができるだろう。

§3　正しいデータとは何か？

　科学的研究であるかぎりは,当然だが,自分の仮説に都合良く,データの改ざんや捏造をすることは禁止される。自分の研究にとって,正しいデータとは何かということは,言い換えれば,真実は何かと言うことでもあり,研究者が関与したり決定することのできる範囲を超越したところにある。

　研究者は,手続きの正しさをめぐって,データ収集の操作を工夫し,変更できるが,それ以外の点でデータを左右することはできない。結果として自分の予想外のデータが得られた場合には,その意味するところを真摯に受け止める必要がある。都合の悪いデータを誤差扱いしたり,省いたりすることは,本来のデータの持つ意味を歪曲する可能性がある。そういった行為は,データ収集へのさまざまな

研究協力者の寄与を歪曲し，否定することにもつながる。そして，それはひいては，研究の価値を低め，真実の探求から遠ざけてしまうことになる。

予想外のデータというものが，場合によってはむしろ，研究者の研究の方向を修正し，正しい探究方法を示唆してくれる，貴重な指針になる可能性を持つことを大切にしたい。その「予想外の結果」という指針は，そのまま公表することで，多くの研究者の共有するものともなりうるだろう。

正しいデータの公表という点で，次のことがさらに大切である。それは，発表論文に何らかの誤りがあった場合に，誤謬の訂正をするということである。

データの誤りのみならず，手続きや結果，文献などさまざまな点で誤謬は起こりうるので，それぞれに訂正の必要がある。しかしその中でも，特に重要なのは，データ部分の誤謬だといえる。読み手に真実として了解されるデータであるからこそ，わずかな数字の違いでも，影響力は大きいことを念頭に置きたい。

§4 データは誰のものか？

正しいデータの公表という点で，もう一つ重要なことは，読者による追試の検証研究を可能にするような配慮を持って，論文を書くことである。そうだとしても，論文の長さ

には限りがあるので，データや手続きの詳細を論文に盛り込む余地がないのは当然である。そこで，追試をしたい研究者からデータの公開を求められる可能性もある。長期縦断データでは公開は容易ではないが，研究協力者による公開の許諾や，データの量など，条件が許すかぎりにおいて，データの公開によって後続研究の促進に寄与することも重要だろう。

　データや研究が，それを行った研究者のものでありながら，いったん公表されると，すでにそれは，研究者の集団に共有されるものとなることを考えると，効果的なデータ収集法や，データ自体，さらに有効な分析法などは，個々の研究者の所有物として封印してしまうのでなく，むしろ研究者集団の共有財産とすることで，その分野の研究全体の進歩を期待することができる。また，当然だが，このような場合には提供者は明記され，著作権者として保護されることに留意したい。さらに，データ公開への研究協力者による許諾に配慮することも忘れてはいけないだろう。

　以上のように，データの再分析や引用など，論文の公表後の経過を考えると，その分野の研究の流れの中で，自分の現在の研究がどこに位置づくのかを，常に明確にしておく必要も生ずる。例えば，自分の研究が既に発表したものである場合には，それを明示しなくてはならない。学位論文，学会発表，大きな研究の一部であるなど，研究の公表に際しては，他者の研究との関係だけではなく，自分の過

去の研究をも含めた，他の先行研究との関係を明確にする必要がある。それを明示しないで研究を公表することは，その分野の研究の流れに無用な混乱を生みかねない。

　自分の研究の歴史や，データ同士の関係は，自分にはよく分かっていても，それを解説しない限りは，他者には分かりにくいものである。それを必要に応じて説明したり，先行研究を指示することは，研究の公表の作業の一部だといえよう。自分のデータや，自分の研究だからといって，研究の履歴を省略するといった責任の放棄は避けたいものである。

参 考 文 献

アメリカ心理学会［冨田正利・深澤道子訳］(1996),『サイコロジストのための倫理綱領および行動規範』日本心理学会。

American Psychological Association (1996), *Publication Manual of the American Psychological Association*.

著作権情報センター (2000),『ケーススタディ著作権 第1集,学校教育と著作権』。

Elliott, D., and J. E. Stern, eds. (1997), *Research Ethics: A Reader*, University Press of New England.

平山許江 (1977),「保育現場から見た倫理問題」『発達心理学研究』第8巻, 143-144。

Hoagwood, K., P.S. Jensen, and C. B. Fisher, eds. (1996), *Ethical Issues in Mental Health Research with Children and Adolescents*, Lawrence Erlbaum Associates.

本郷一夫 (1997),「研究の『主体』とどのようにつき合うか：乳幼児研究における研究倫理」『発達心理学研究』第7巻, 67-69。

Jacob-Timm, S., and T. S. Hartshorne (1998), *Ethics

and Law for School Psychologists, 3rd edition, John Wiley & Sons.

Kimmel, A. J. (1996), *Ethical Issues in Behavioral Research: A Survey*, Blackwell Publishers.

鯨岡峻 (1997),「発達研究と倫理問題」『発達心理学研究』第7巻, 65-67。

Kvale, S. (1996), *Interviews: An Introduction to Qualitative Research Interviewing*, SAGE Publications.

MacWhinney, B. (2000), *The CHILDES Project: Tools for Analyzing Talk*, 3rd edition, Vol. I: Transaction format and programs, Vol. II: Database, Lawrence Erlbaum.

McGill University, Ethics Board II (2000), *Ethics with Human Participants*.

Medical Research Council of Canada, Natural Sciences and Engineering Research Council of Canada, and Social Sciences and Humanities Research Council of Canada (1998), *Ethical Conduct for Research Involving Humans*.

南 博文 (1997),「現場研究と研究者倫理をめぐって:フィールドワーカーのジレンマ」『発達心理学研究』第7巻, 73-74。

日本職能言語士協会 (2000),『臨床言語士 (ST) 倫理綱領』。

日本複写権センター (2000),『日本複写権センターの概要』。

日本心理臨床学会 (2000),『平成11年度版,関係例規程集』。

日本行動分析学会 (1987),「日本行動分析学会倫理綱領」『行動分析学研究』第2巻, 79-84。

Oshima-Takane, Y., B. MacWhinney, H. Shirai, S. Miyata, and N. Naka, eds. (1998), *Nihongo no tame no CHILDES Manuaru: JCHAT Manual for Japanese*, 2nd edition, The JCHAT project.

臨床心理士資格認定協会 (1990),『臨床心理士倫理綱領』。

斉藤こずゑ (1998),「発達研究の質の転換を促す研究者倫理問題：研究者の自己言及性の高まり」『発達心理学研究』第9巻, 244-246。

Sabourin, M. (1999),「心理学における倫理基準の発展——アメリカ心理学会倫理規定の一省察」『心理学研究』第70巻, 51-64.

Society for Research in Child Development (1996), *Ethical Standards for Research with Children*, SRCD Directory of Members.

Stanley, B. H., J. E. Sieber, and G. B. Melton, eds. (1996), *Research Ethics: A Psychological Approach*, University of Nebraska Press.

Steininger, M., J. D. Newell, and L. T. Garcia (1984),

Ethical Issues in Psychology, The Dorsey Press.

The National Commission for the Protection of Human Subjects of Biomedical and Behavioral Research, Canada (1979), *The Belmont Report: Ethical Principles and Guidelines for the Protection of Human Subjects of Research.*

あとがき

　日本発達心理学会が「研究者倫理を考えるワーキンググループ」を発足させてからはや3年余が経過した。この間，書記を務めてくれた久雅子氏を含めたわれわれ4人は，ほぼ3カ月ごとに会合を重ねた。

　まず，1年目においては，(1)大学院生を対象とした研究者倫理についてのディスカッション，(2)カナダにおける研究倫理の実際についてのヒアリング（マギル大学・大嶋百合子氏），(3)日本心理学会第61回大会の際になされたモントリオール大学 Sabourin 氏による記念講演 The Evolution of Ethical Standards in the Practice of Psychology: A Reflection on the APA Code of Ethics への参加，(4)国内外における研究倫理関連資料の収集などを行った。

　とくに国外の関連資料の収集に当たっては，Sabourin 氏からカナダ心理学会，大嶋百合子氏からマギル大学，大浜幾久子氏からジュネーブ大学，浅川希洋志氏からシカゴ大学，Blowser 氏と院生の Serena Yang 氏から香港大学の資料を，また，戸田須恵子氏からは，米国国立精神衛生研究所児童発達研究部における協力者への説明と同意手続書を提供していただいた。

また，これらの作業と並行して，Sabourin 氏が「APA が最初に倫理規定を作成する際に，広く会員から多くの意見を収集した」と述べたことを参考に，国内のいくつかの大学院の修士課程の院生の協力を求めて，インフォームド・コンセント，研究協力同意の求め方，調査・実験・観察などで実際に用いた説明文書の提供を求めた。

　そして，これらの準備をもとにして，日本発達心理学会第 9 回大会（1998 年 3 月，日本女子大学）の際に，ラウンドテーブル「研究者倫理を考える(1)」を開催し，鯨岡峻氏による「研究者倫理問題についての基本に関する見解」，青塚徹氏による「インフォームド・コンセントの実例とその課題」，逸見敏郎氏による「発達心理学と研究者倫理をめぐって」，久雅子氏による「乳児期の母子観察における倫理的問題」などの話題提供をかわきりにして，矢野喜夫氏，白井利明氏，秋田喜代美氏，須田治氏などの参加者から貴重な意見をいただいた。

　ほぼ 1 年にわたるこれらの作業は，われわれに次のような指針を与えた。

(1)　外国の倫理コードを直接的に当てはめるのではなく，わが国の文化的な特質を考慮に入れなければならない。

(2)　マニュアル化された倫理コードで研究を縛るのではなく，研究はいかにあるべきかを考える素材として研究者倫理を位置づけなければならない。

(3)　これから研究者として自立していく大学院生に対す

る研究者倫理についての教育がわが国では欠けており，研究者倫理をいかに教育していくかが重要な課題である，など。

そこで，2年目においては，前述の指針をもとにしながら，ひたすら原稿の作成に取り組んだ。その結果，ガイドライン中間報告が1998年秋に完成し，ただちに，これまで様々なかたちで意見を寄せて下さった方々に送付し，翌年3月に大阪学院大学で開催された日本発達心理学会第10回大会の際に，ラウンドテーブル「研究者倫理を考える(2)」の場で，問題点を指摘してくださるようにお願いした。

また，この大会時には，大会受付で初版を配布して，ひとりでも多くの方からの意見が得られるように配慮した。会場では，次のような意見が出された。

(1) 臨床や発達障害の研究領域におけるプライバシーの問題が含められるべきである。
(2) データベースの共有について触れる必要がある。
(3) フィールド研究を行う際に生ずる問題や留意点を入れた方がよい。
(4) その他，インフォームド・コンセントを実施する難しさ，ディセプションの問題，ガイドラインの構成に最小限遵守すべきことと詳説とを分けた方がよい。

などの意見が，宮下孝広，長崎勤，藤永保，南徹弘，日野林俊彦，川野建治，今井久登，則松宏子，松本博雄などの

各氏から出された。また，その場には参加いただけなかった鯨岡峻，柏木惠子，安藤典明，本郷一夫，山本登志哉，柴坂寿子などの各氏からも，内容について修正すべき箇所の指摘を多々頂戴した。

　このような過程を経て，われわれは，次の方々に新たなテーマの執筆をいただくことにした。

　(1) 発達障害をいかに研究するか——長崎　勤氏，金谷京子氏
　(2) 臨床場面からのデータを使う——宮下孝広氏
　(3) データベースを使う——大嶋百合子氏

　さらに，「研究論文執筆・公表に伴う倫理上の留意点」を新たに追加することにした。

　このようにして，1999年10月までに協力いただいた執筆者からの原稿，および，われわれの調整原稿から構成するガイドライン第2版の原案を作成し，種々検討を重ねて，前回と同様に理事会構成員，これまで協力してくださった方々に年末に送付し，最終的な意見を伺うために，東京女子大学で開催された日本発達心理学会第11回大会（2000年3月）の際に，ラウンドテーブル「研究者倫理を考える(3)」を開催した。

　会場では，来日参加いただいた大嶋百合子氏に，カナダの研究者倫理ガイドラインをめぐる最近の動向についてお話しいただき，研究者倫理は研究を抑制するばかりではなく，ある意味で研究者を守るものともなるという見解を示

していただいたほか，われわれのガイドライン第2版には，時間，場所によって変わるような遵守すべき規則を連ねるのではなく，研究者の倫理観を育成しようというフィロソフィーが盛られているので，柔軟性があるといった感想をいただいた。

　また，柏木惠子，長崎勤，金谷京子，本郷一夫，宮下孝広，安藤典明，南徹弘，林洋一，荻野美佐子など，参加いただいた各氏からは，次のような意見が出された（無藤隆氏は後日書面で意見をいただいた）。

(1)　学会員にガイドラインが共有されることで，機関誌の審査において，著者と審査者の間での共通ルール・ベースができ審査が円滑になるだろう。

(2)　研究者の視点から書かれた章も，研究協力者の視点から書かれた章もあり，前者では研究協力者の気持ちへの配慮が必要であり，後者は研究者に厳しい書き方になってはいるが，実際はガイドラインを考慮することによって，研究者の自由や研究者自身を守ることになっていることを理解して読む必要がある。

(3)　プライバシーの問題は，ビデオ公開などにもに関連して，協力した子どもが長じてからの配慮など，今後も検討すべき課題が多い。

(4)　論文執筆における引用にまつわる倫理は，引用しあうことで学問の進歩がある反面，事例の引用や，誤った引用など，研究論文における引用の質と量の問題と

して，十分検討される必要がある。

その他，学部学生にも研究者倫理を知らせたいので基本の哲学は賛成だが，使いやすいよう簡潔な表現にしてほしい，子どもへの配慮と同時に年長者向けのことも検討してほしい，今後の心理学徒の教育に活かしていくことが重要な次の課題である，などが議論された。このように，ガイドラインの内容についてさらに発展させた意見が出され，これは今後も続いていくものと思われた。

さて，翻ってみると，この小冊子が，お読みいただいたように，心理学の方法ごとに，研究の準備から実施，報告までの各段階を時系列的にまとめたものになったのには，それなりの経緯がある。最初は，多くの学会がすでに設けているようないわゆる「倫理規程」を考えてみた。しかし，検討を重ねていくうちに，法文化された表現では，そこで述べられることが遵守事項を集めたお題目集に終わる可能性をもつことを強く感じるに至った。

もともと研究者倫理とは，守らなければ罰せられる法律のようなものではなく，人間の幸福と発達に寄与する学問を目指そうとする研究者の基本的な姿勢であるというのがわれわれの共通認識である。そのことを多くの人が実現するためには，書かれていることを鵜呑みにしてもらうのではなくて，なぜ「研究者倫理」が求められなければならないかを熟考する契機を提供することが必要と考えたわけで

ある。研究がわれわれにとってごく日常的なものであるならば，協力者の人権を考え，協力者を尊重する態度もまさしく日常的なものであり，それはまさしく研究の方法の中で，熟考する必要があることとわれわれは考えている。そこに本書構成の趣意がある。

　このガイドラインがひとりでも多くの人びとに読まれるならば，われわれの望外の喜びである。

　ご批判，ご意見をお願いします。

　　　2000年10月3日

　　　　　　古澤 頼雄・斉藤 こずゑ・都 筑　学

索　引

〈あ〉

相手の労力を少なくする　20

アメリカ心理学会の倫理綱領　111, 113

アメリカ心理学会の論文出版マニュアル　92

安易な文献利用　89

〈い〉

意向の確認　20

インターネット上の資料利用　86

インフォームド・コンセント　1, 8, 18, 40, 50, 60, 67, 69, 73, 77

　　赤ちゃんの——　21

引　用

　　——と著作権　93

　　——の許諾　95

　　——の書式　92

　　——の方法　92

　　多量の——　111

〈う〉

運動機能に障害を伴う人　20

〈え〉

映像資料　44

〈お〉

親の同意　61

〈か〉

外国語の文献　87
回答が絶対に漏れない手順　10
科学的観察法　31
　　——の歴史的変化　35
　　これからの——　35
　　伝統的な——　32
隠しカメラ　33
学習行動　37
学生の学位論文に基づく論文　112
学力テスト　16
仮　説　37
家族歴　79
価値観を検討し変えていくこと　70
学会発表　82
　　——論文　90
学級内の指導要領　53
活動の記録　72
過度の緊張　58
カルテ　80
観　察
　　——と記録の具体的手続き　37
　　——の回数と時間　40
　　——の結果の公表　44
　　——のための計画　36
　　——の場面の選定と構成　37
観察記録の方法　37
観察者
　　——と被観察者の相互性　36

——の隠蔽　33
　　——の観察の場への参加度　35
観察法の分類　32
間接的引用　92
〈き〉
記憶実験　57
機関責任者の監督責任　78
偽名の使用　102
休　憩　49
共同研究　113, 114
共同執筆論文　113
協力者　2
　　——宛の報告書　53
　　——が幼い場合　44
　　——が子どもの場合　20
　　——との交渉　38
　　——とのコミュニケーション　41
　　——に過度の負担をかけない　56
　　——についての情報　107
　　——に伝える情報の選択　27
　　——にネガティブな感情を引き起こす危険　7
　　——の意見を聞く　37
　　——の基本的権利　2
　　——の緊張の軽減　49
　　——の経済的負担　23
　　——の個人差　40
　　——の時間的拘束　46
　　——の心理　16, 47
　　——の態度の変化　39

——の匿名性　54,102
　　——の範囲　37
　　——の人柄　48
　　——の疲労　48
　　——のプライバシー　103
　　——の要求に応じた変更　42
　　——への謝礼　11
　　——への説明の押しつけ　26
協力の意思　19
協力を求める手続き　18
記録者の同席　50
記録テープを肉声で聞かせる　52

〈け〉

形成実験　58
計画を修正する柔軟性　39
ケース研究　76,79
　　——のデータ　79
結果報告　25
研究意図を隠す　68
研究ガイドラインの整備　78
研究協力者　→協力者
研究計画書　77,78
研究計画に固執しない　41
研究計画の立案　67
研究結果のフィードバック(報告)　3,69
研究至上主義　41
研究指導　114
研究者自身の観察行動の記録　41
研究者である前に常識人であること　42

研究者に対する倫理的責任　　85

研究資料の共有システム　　98

研究成果の寄与のずれ　　43

研究成果の公表に関する基準　　111

研究成果の社会的還元　　3

研究のアブストラクト　　86

研究の流れ　　84

研究の評価　　30

研究への不参加の権利　　9

言語発達研究　　99

検索文献　　86

検査者の万能感　　28

現場にプラスとなる成果　　42

〈こ〉

交通費　　51

口頭による説明・承諾　　61

公表権　　94

公表の同意書　　45

高齢者が協力者の場合　　21

個人照合できる形での記録閲覧　　54

子どもたちと親しくなる　　58

子どもの協力者が大人になったとき　　78

コーパス　　105, 108

個別実験　　55

コンピュータ・ソフトの利用　　59

コンピュータの利用　　4

〈さ〉

座席配置　　23

〈し〉

JCHAT　100, 108
　——プロジェクト　100
自者と他者の意見の区別　90, 91
事前の説明　40
肢体不自由を伴う人　22
視聴覚に障害を伴う人　20, 22
実験群　58
実験装置の自作　56
実験データの管理　63
実験の途中で協力をやめる(参加を断る)権利　60
実験法　55
　——の長短　64
実験目的の説明　62
実験用コンピュータ・プログラム　56
質問項目の数　7
質問紙尺度　5
質問紙調査　4
　——の弱点　13
質問紙の回収　10
質問紙の管理　11
質問紙法　4
指導する教員の責任　78
児童や生徒の調査協力　9, 12
市販の質問紙　6
市販の心理テスト用具　17
市販の整理用紙　17
自分自身が被験者になってみる　58
自分の業務に責任を負う　70

氏名表示権　94
社会学　34
社会的に弱い立場の人　2,66
謝金でのお礼　11
謝　辞　105,112
謝礼の金額　64
修士論文　56
集団実験　55
縦断的形成実験　59
集団法による心理テスト　22
授業中の質問紙調査　8
授業目的のコピー　88
出所の情報　91
出版物の複写許諾　87
守秘義務　47,53
受容的関係　41
職務上の地位　112
初対面の人に協力を求める　19
資料保管の注意の徹底　25
診断・評価の誤用・悪用　71
真の協力者　37
信頼関係　77
心理テスト　15
　　――を継続する意思の確認　22

〈す〉

数値の一人歩き　81
スコアリング用紙　24
座る位置　49

〈せ〉

精神的疾患を患っている人　20,22

成長のためのフィードバック　26

整理実験　57

セクシャル・ハラスメント　72

先行研究　83

　　——の適切な評価　90

選択的参照　90

〈そ〉

卒業論文　56,86

〈た〉

対象者

　　——との私的関係　72

　　——に危険を冒させない　68

　　——の危険の無視　72

　　——の自由の保障　68

　　——の人権　71

　　——の生命の危機　73

　　——の負担を最小限に留める　67

　　——のプライバシー　71

　　——の利益になる臨床　71

代理人の利益を優先しない　71

短期観察　40

担任の教師に調査を任せてよいか　10

〈ち〉

知人・友人に協力を求める　18

仲介者　29

　　——の判断　53

　　——を立てて協力を求める　20

長期縦断観察　39,40
調査協力者をデータとしてしか見ない　13
調査結果の公表(フィードバック)　10,14
調査実施の手続き　11
調査資料の提供依頼　12
調査への回答を拒否する権利　9
直接的引用　92
著作権　17,60,113
　──者の利益　88
　──侵害　87
　──の私的使用　88
　──の制限　94
著作権法　87
著作者人格権　94
著作物の複製に関する権利　94
治療・指導が対象者の利益になっているか　70
CHILDES　100,108
　──へのデータの提供　101
〈つ〉
追試研究　56,116
使えないデータ　13
都合の悪いデータ　115
〈て〉
テスト結果の比較　30
テスト不安　16
データ
　──情報ファイル　105
　──の誤り　116
　──の一方的搾取　42

——の改ざんや捏造　115
　　——の公開　112, 117
　　——の国際的共有　100
　　——のコピー　103
　　——の利用制限　106
データベース　98
テープの取りかえ　50
デブリーフィング　63
テープレコーダーの使用　50
電子メディア　96
　　——による資料の収集　86

〈と〉

同一性保持権　94
統計的研究　80
投稿論文の審査　112
統制群　58
統制実験　58
匿名性　24
　　——の確保　106
図書館等によるコピー　88

〈に〉

日常的観察行動　35
日常的配慮　41
日本複写権センター　88

〈の〉

飲物や茶菓子　49

〈は〉

パーソナル・コミュニケーション　91
発達障害・発達臨床　66

140

発達臨床　66,76

〈ひ〉

被観察者との距離　35
被観察者の視点　36
非公開を定めた契約書　104
ビデオカメラ　51
ヒューマン・エソロジー　32
評価的表現を避ける　28
標準化された質問紙　6
剽　窃　85,91,111
疲労やストレスを引き起こす実験　57

〈ふ〉

フィードバック　26
　──のフィードバック　29
　実験結果の──　63
複写の許諾　87
複数の面接者による面接　48
服　装　49
プライバシー　8
　──に関わる研究　68
　──の保護　2,76
文化人類学　35
文　献
　──研究　84
　──検索　86
　──収集　86
　──データ　84
　──のコピー　87
　──の熟読　89

——レビュー　83
　　——レビュー論文の質　89
文書による説明　21, 40, 48
分析方法の確定　37
ブント，W.　55

〈ほ〉

報告書　53
ボカシ　102
保護者　29
　　——宛の報告書　53
　　——との交渉　38
　　——のインフォームド・コンセント　67, 73
　　——の署名　77

〈ま〉

マイクロフォン　50
マナー　49

〈み〉

身内に協力を求める　20

〈む〉

無断コピー（複写）　6, 96
　　——禁止　88

〈め〉

メモを取る　50
面接記録
　　——の閲覧　53
　　——の捏造　52
　　——の保管　52
面接資料のつまみ食い的利用　51
面接場所の選定　49

面接法　46
〈よ〉
幼児や児童に対する説明　61
幼稚園・保育園での実験　58
預言者のように語らない　28
予測できない問題　38
予備的観察　37
〈ら〉
ラポート　58
〈り〉
臨床活動の目的　70
臨床家同士の関係　74
臨床家の自己研鑽　73
臨床心理関係の資格認定　76
臨床の社会的責任　78
臨床場面からのデータ　75
隣接諸科学の文献　87
倫理規定　76
倫理綱領　76
〈ろ〉
録音テープの保管　52
ロー・データの保管と処理　12
ロールシャッハ・テスト　25
〈わ〉
「分かる」ことに対する謙虚な姿勢　29
ワンウェイ・ミラー　33

心理学・倫理ガイドブック──リサーチと臨床
Ethical Guides for Research and Clinical Practice in Psychology

2000 年 11 月 30 日　初版第 1 刷発行
2025 年 1 月 30 日　初版第 8 刷発行

監修者　日本発達心理学会

編著者　古　澤　頼　雄
　　　　斉　藤　こ　ず　ゑ
　　　　都　筑　　　学

発行者　江　草　貞　治

発行所　株式会社有斐閣　101-0051　東京都千代田区神田神保町 2-17
https://www.yuhikaku.co.jp/

印　刷　精文堂印刷株式会社　製　本　牧製本印刷株式会社

© 2000, Japan Society of Developmental Psychology.
落丁・乱丁本はお取替えいたします。
★定価はカバーに表示してあります。
ISBN 4-641-07637-5

Ⓡ 本書の全部または一部を無断で複写複製(コピー)することは、著作権法上での例外を除き、禁じられています。本書からの複写を希望される場合は、日本複製権センター(03-3401-2382)にご連絡ください。